Guia definitivo da mãe cristã 2

Erin MacPherson

Guia definitivo da mãe cristã 2

Tudo que você precisa saber sobre
O PRIMEIRO ANO DE VIDA DO BEBÊ

Tradução de Markus Hediger

Thomas Nelson
BRASIL®
Rio de Janeiro, 2015

Título original: *The Christian Mama's Guide to Baby's First Year: Everything You Need to Know to Survive (and Love) Your First Year as a Mom*

PUBLISHER	*Omar de Souza*
EDITORES	*Aldo Menezes e Samuel Coto*
COORDENADORA DE PRODUÇÃO	*Thalita Aragão Ramalho*
PRODUÇÃO EDITORIAL	*Daniel Borges*
TRADUÇÃO	*Markus Hediger*
REVISÃO DE TRADUÇÃO	*Thayane Assumpção*
REVISÃO	*Leonardo Vianna e Anna Beatriz Seilhe*
ADAPTAÇÃO DE CAPA	*Valter Botosso*
DIAGRAMAÇÃO E PROJETO GRÁFICO	*Especial Book's Editoração Ltda.*

CIP-BRASIL. CATALOGAÇÃO NA PUBLICAÇÃO
SINDICATO NACIONAL DOS EDITORES DE LIVROS, RJ

M147g

MacPherson, Erin 1979-
Guia definitivo da mãe cristã 2: tudo que você precisa saber sobre o primeiro ano de vida do bebê / Erin MacPherson; tradução Markus Hediger. - 1. ed. - Rio de Janeiro: Thomas Nelson Brasil, 2015.
272 p. (Série Guia definitivo da mãe cristã)

Tradução de: The Christian Mama's Guide to Baby's First Year: Everything You Need to Know to Survive (and Love) Your First Year as a Mom
ISBN: 9788-5786-0621-9

1. Família - Vida religiosa. 2. Educação cristã de crianças. 3. Educação cristã. I. Título. II. Série.

CDD: 248.845
CDU: 27-47.053.2

THOMAS NELSON BRASIL é uma marca licenciada
à VIDA MELHOR EDITORA S.A.

Rua Nova Jerusalém, 345 — Bonsucesso
Rio de Janeiro — RJ — CEP 21402-325
Tel.: (21) 3882-8200 — Fax: (21) 3882-8212/3882-8313
www.thomasnelson.com.br

Para meus bebês:

meu forte, corajoso e hilário Joey;

minha carinhosa, generosa e esperta Kate;

meu exuberante e ousado Will.

Vocês são meu presente mais precioso.

Sumário

Agradecimentos

Soli Deo Gloria. Glória somente a Deus. Esta é minha oração para este livro. Estou profundamente ciente do fato de que cada dádiva boa vem do Senhor, e sou eternamente grata por cada coisa que ele me deu. Sou muito abençoada.

Agradeço às minhas maiores bênçãos — meus três preciosos filhos: Joey, Kate e Will — por terem inspirado grande parte deste livro e por terem transformado a minha jornada como mãe em algo valioso. Amo muito vocês.

Não há nada que eu possa dizer para expressar minha gratidão à minha família que tanto me apoiou: minha irmã Alisa e meu pai, que meticulosamente revisaram cada linha, dando-me conselhos, sugestões e ideias que tanto aprimoraram este livro; meu marido Cameron e minha mãe, que cuidaram das crianças durante inúmeras horas para que eu pudesse me trancar no escritório e escrever; e meu irmão Troy, que brilhantemente anotou cada história de pai para fornecer o conteúdo para o "Guia do pai cristão" e para o capítulo "Ajudando o papai a criar laços". Agora, fico dizendo que ele poderia ser meu escritor-fantasma. Sem qualquer problema.

Agradeço também às mulheres leais, generosas e misericordiosas com as quais compartilhei a minha jornada de criar meus bebês. Muito amor e gratidão a Anna Martin, Barbara Jones, Jessica Miller, Laura Marion-Faul, Michelle Halvorsen, Monica Scantlon, Rebecca Palmer, Rachel Spies, Sarah Jordan,

Shellie Deringer e Stevi Schuknecht. E a Brandi Alexander, Katie Scott, Kathi Lipp, Lucille Zimmerman, Hildi Nicksic, Derek Miller, Amanda Dykes, Mandy Fritsche, Sharmon Coleman, Donnine Souhrada, Stacy Webster e Janna Vaughn: obrigada por me ajudarem, de uma forma ou de outra, compartilhando suas histórias, suas orações, seu apoio e seus conhecimentos literários, enquanto eu escrevia este livro.

Devo agradecer bastante também aos muitos profissionais da área da saúde que compartilharam conhecimentos, responderam perguntas e ajudaram de muitas maneiras, garantindo que os conselhos médicos fossem corretos. Agradecimentos especiais a Jordyn Redwood, Soumya Adhikari, Esen Zentner, Amanda Ying, Bobbie Boyd e Jeremy Gabrysh.

Por fim, quero agradecer a Rachelle Gardner, minha agente da Books & Such Literary, que investiu inúmeras horas para garantir que este projeto fosse realizado. E a Debbie Wickwire, Adria Haley e toda a equipe da Thomas Nelson, que têm sido incrivelmente prestativos e meticulosos em seu empenho de transformar este livro naquilo que você agora tem em mãos.

Introdução

Bem-vinda ao Clube da Mamãe!

Parabéns. Você (sim, *você*) é agora um membro oficial de carteirinha do maior clube de todos: o Clube da Mamãe. E, falando em ritual de iniciação, você acabou de sobreviver a meses de enjoo matinal, vinte quilos (ou mais) de ganho de peso e 17 horas de trabalho de parto. Ou, se adotou um filho, sobreviveu a 70 bilhões de formulários, a meses de altos e baixos e a momentos altamente estressantes. Mas você conseguiu. E fez tudo isso por esse pequenino bebê de (mais ou menos) 3,5 quilos que agora já ama mais do que qualquer coisa no mundo.

Tornei-me membro do clube dois dias após o Natal de 2005, quando meu filho Joey nasceu. E que dia foi aquele! Estava exausta. E grogue. E com dores. Mas estava superfeliz. Meu filho era o bebê mais maravilhoso, mais adorável e mais lindo que existia. (Seu bebê também, não é?) E, a partir daquele momento, eu soube que o Clube da Mamãe era exatamente o lugar onde eu queria estar.

Ser mãe é maravilhoso, não é? Certamente não preciso dizer-lhe o quão fabuloso seu bebê novinho em folha é; mas, mesmo assim, falemos dele por um instante. Daquele cabelo sedoso. Daqueles grandes olhos que dizem: "Eu preciso de você." Das bochechinhas redondas. Da barriguinha. Dos joelhos gordinhos. Dos dedos miúdos. Maravilhoso! E adorável! E o melhor de tudo: ele foi feito pelo próprio Criador do universo com um propósito muito específico e maravilhoso. É claro que, toda vez que entra no quarto do bebê para lhe dar um último beijo de boa noite, você fica encantada.

É claro que o mero fato de você ter se tornado membro do Clube da Mamãe não significa que saiba o que esteja fazendo. Aprendi do jeito difícil (leia-se: por meio de inúmeros vazamentos nojentos de fralda) que ser mãe é um enorme aprendizado. E ninguém se transforma em mãe profissional — sabe, uma mãe do tipo que sempre leva consigo uma bolsa cheia de fraldas e consegue pôr seu filho para dormir enquanto faz compras no supermercado — sem prática... e sem alguns bons conselhos de mãe para mãe.

É por isso que estou aqui, para transformá-la de uma mãe coberta de baba e com olheiras enormes na mãe orgulhosa que não larga a câmera fotográfica no primeiro aniversário do seu bebê. E será uma jornada e tanto! No próximo ano, você aprenderá a dormir enquanto alimenta seu bebê e documenta a adorável boquinha se abrindo; a remover as manchas amarelas de roupinhas brancas e caras que foram presentes da avó; e a fazer purê com nada além de uma colher e sua própria engenhosidade.

Sim, no próximo ano você aprenderá muita coisa. Como cuidar de seu bebê. Como ser uma mãe segundo a vontade de Deus. E como aceitar todos os altos e baixos da maternidade, preservando ao mesmo tempo alguma semelhança com a pessoa moderna e arrasadora que você realmente é. Como pode imaginar, isso não será fácil — especialmente quando você precisa se contentar com mais ou menos três horas de sono (interrompido) por noite.

Mas é possível! E você conseguirá! Portanto: bem-vinda ao clube.

Uma observação para minhas leitoras particularmente meticulosas: você perceberá que a maioria dos pronomes usados neste livro é masculina. A decisão foi tomada para preservar a simplicidade e consistência do texto. Isso de forma alguma significa que este livro se aplica mais aos meninos ou que eu escrevi estas dicas e conselhos apenas para eles. Assim, caso você tiver uma filha (como eu também tenho), por favor, simplesmente substitua "ele" por "ela" mentalmente durante a sua leitura. E depois escreva uma carta muito séria para a pessoa que inventou a língua portuguesa dizendo-lhe o quanto nossa vida seria mais fácil se os pronomes não tivessem gênero.

Capítulo 1

Entrando no clima de ser mãe

Sobrevivendo e sendo bem-sucedida como mãe de primeira viagem

Ser mãe de primeira viagem não é tão fácil quanto parece. Lembro-me de ir ao supermercado quando meu filho tinha poucos meses de idade. Eu estava na fila do caixa, atrás de uma mulher com três filhos. Ela estava folheando uma revista com seu bebê dormindo numa faixa, enquanto seus dois filhos mais velhos (perfeitamente educados) estavam sentados no carrinho perguntando um ao outro sobre fonética. *Fonética*! Sem brincadeira. E, além disso tudo, a mulher estava vestindo calças jeans de verdade (não de moletom), e acho que também vi rímel em seus cílios. Meu queixo caiu de admiração. Como ela conseguiu *fazer* aquilo?

Enquanto isso, lá estava eu, com minha camiseta suja, meus cabelos oleosos, pulando para cima e para baixo, cantando para acalmar meu filho que estava gritando, tentando conseguir pelo menos passar pelo caixa e pagar o leite. E me perguntei se algum dia eu seria capaz de voltar a fazer coisas normais, como ir ao supermercado e ter uma vida social, sem ter que enfrentar uma crise nervosa total (minha e do bebê).

Ser mãe é difícil. Na década de 1960, os psicólogos Holmes e Rah decidiram estudar as ligações entre importantes eventos da vida e o estresse. Fizeram muitas pesquisas, entrevistaram milhares de pessoas e chegaram à conclusão surpreendente de que grandes mudanças na vida — como ter um bebê — são *estressantes*. Hum... bem, *dããã*.

É claro que ter um bebê é estressante! Dentro de minutos, você deixa de ser uma mulher moderna, inteligente e com tudo "em cima" (bem, quase) e se transforma em uma mãe gorda, que ainda está tentando perder os quilos a mais da gravidez, exausta, estressada, aventurando-se a descobrir como usar o aspirador nasal. É uma mudança enorme, e a maioria das mães (como eu) precisa de algum tempo para pegar o jeito.

Mas você chegará lá. Ok, confesso que provavelmente você não será mãe de crianças que discutem as complexidades de métodos de alfabetização enquanto aguardam a fila do mercado andar, mas certamente conseguirá chegar ao ponto em que poderá voltar a usar calças jeans de verdade e comprar leite sem se sentir a maior idiota do mundo. Prometo.

Como entrar no clima de mãe de primeira viagem

1. Não seja dura consigo mesma.

Lembra aquela mãe aparentemente perfeita no início do capítulo? Aquela que conseguia usar jeans, maquiagem, e ainda domar seus filhos? Bem, por mais fabulosa que seja, você precisa manter em mente que ela tem três filhos... o que significa que ela tem muita prática. Aposto que houve um momento da vida em que ela se encontrava na fila do supermercado com um bebê aos gritos em seus braços e coberta de baba.

Você não precisa dominar essa coisa de ser mãe desde o início, ou melhor, em qualquer momento. Certa vez viajamos de avião do Texas para Oregon perto do primeiro aniversário do meu filho. Com um ano inteiro de experiência como mãe, eu tinha tudo sob controle. Era o que eu achava. Logo após embarcarmos, percebi que meu filho havia sujado a fralda, e, evidentemente, no processo de trocá-lo num avião lotado, consegui sujar a calça dele, a camiseta e o moletom. Procurei a bolsa com as fraldas e percebi que a havia despachado juntamente com as malas. Eu estava sem nada. Bem, nada além de um bebê pelado num avião em dezembro.

Toda mãe pode lhe contar uma história desse tipo — talvez não exatamente esta, mas tenho certeza de que toda mãe se esquece de levar roupas extras uma vez ou outra. E, quando esse tipo de coisa acontece, nos fazendo parecer inexperientes, idiotas ou esgotadas, precisamos levar isso numa boa. Sabemos que estamos fazendo o melhor que podemos. Então basta ter a coragem para perguntar a todos os passageiros se alguém tem uma fralda sobrando.

2. Tire uma folga do bebê.

Você me ouviu. Se não quiser enlouquecer, você precisa se afastar do seu adorável bebê de vez em quando. Não estou sugerindo que faça um safári de quatro semanas na África, mas certamente não faz mal sair do quarto do bebê enquanto ele dorme e ir tomar um banho. Ou, se for muito corajosa, entregá-lo aos cuidados de sua mãe e sair com seu marido.

O fato é que, por mais maravilhoso que seu bebê seja, você precisa de algum tempo para ser *você mesma*. E visto que nem sempre foi uma mãe de primeira viagem com um bebê colado em seu quadril, desgrude-se dele de vez em quando e volte a ser a pessoa maravilhosa que era — com uns cinco ou sete quilinhos a mais.

Algumas semanas após o nascimento do nosso filho, meu marido sugeriu (ok, exigiu) que eu deixasse o bebê com ele e fosse ao shopping com minha irmã. Resmunguei e protestei e me preocupei achando que algo aconteceria. Mas acabei saindo. E nos divertimos muito. Ficamos fora de casa por apenas uma ou duas horas (eu estava amamentando), mas lembro que me senti tão livre ao passear pelo shopping carregando nada além da minha bolsa. Estava me sentindo uma pessoa de verdade!

3. Diminua o ritmo.

Quando você tem um bebê a tiracolo, não há como fazer todas as coisas que costumava fazer no passado. Não faz mal que a limpeza da casa aconteça apenas quando sua sogra vier ou que tudo que consiga fazer num dia seja ir à farmácia para comprar fraldas. Sim, você era presidente do comitê mundial de jardinagem orgânica enquanto trabalhava em tempo integral e ainda fazia trabalho voluntário na igreja antes de ter um bebê, mas agora simplesmente não conseguirá fazer tudo isso, pois agora tem filhos.

A boa notícia é que você voltará a entrar no clima de fazer tudo e ainda se voluntariar para o serviço social da igreja. Lembro que me sentia uma total incompetente quando meu filho nasceu. Achava que nada estava sendo feito em casa. Nunca. Mas quer saber de uma coisa? Meu filho cresceu, e eu deixei de ser uma mãe de primeira viagem. Agora, sou presidente do comitê de lanches da liga de futebol do meu filho, organizo piqueniques para a turma dele e escrevo informativos para meu grupo de mães de crianças no maternal. E às vezes, sinto falta daqueles dias em que minha única responsabilidade era garantir que meu filho fosse alimentado.

4. Aceite a ajuda de suas amigas.

É preciso uma aldeia inteira — ou pelo menos uma família grande e um grupo da igreja — para criar um filho. Mesmo assim, muitas mães jovens tentam fazer tudo sozinhas. Lembro-me de ter ficado nervosa quando minhas amigas se ofereceram para organizar uma agenda de assistência a fim de trazer refeições para mim após o nascimento do meu filho. Não queria que acreditassem que eu era incapaz, e certamente também não queria que achassem que deveriam me servir. Evidentemente, elas não se sentiam assim. Queriam ajudar, assim como eu quero ajudar quando alguma das minhas amigas tem um bebê.

E é assim que vejo toda essa história: quando você tem um bebê novinho em folha e está se recuperando de um parto possivelmente traumático, precisa de toda ajuda que puder encontrar. Portanto, aceite com gratidão tudo que suas amigas e sua família lhe oferecerem, e lembre-se de fazer o mesmo quando eles precisarem de você. A verdade é que, a não ser que peça às suas amigas para continuarem a fazer almoço para você quando seu bebê já estiver com dez meses, ninguém se sentirá sua garçonete. Elas amam você. Querem abençoá-la. E você faria o mesmo por elas sem pensar duas vezes.

5. Tente preservar um senso de normalidade.

Sim, sua casa está um caos. Não, suas roupas não caem bem em você. Sim, você se sente como uma pessoa completamente diferente daquela que era antes de seu bebê nascer. Mas isso não significa que tudo precisa ser diferente. Tente fazer todos os dias uma coisa que seu "antigo eu" teria feito, seja ceder à sua obsessão de arrumar a despensa, seja passar um pouco de rímel.

Quando meu filho nasceu, fiz uma pequena agenda para "me redescobrir". Não, não era assim que eu chamava a agenda, mas "agendei" uma tarefa doméstica ou qualquer outra coisa a fazer para recuperar o senso de responsabilidade além de ficar jogada no sofá amamentando meu filho, enquanto assistia tevê. Algumas das minhas tarefas eram fáceis, como ler a edição mais recente de *Pais & filhos*. Outras eram um pouco mais difíceis, como, por exemplo, descobrir como operar o esterilizador de modo que realmente aqueça os lenços.

Descanso para a mãe

Para quando você estiver começando a entrar no clima de ser mãe

Como pastor ele cuida de seu rebanho,
com o braço ajunta os cordeiros e os carrega no colo;
conduz com cuidado as ovelhas que amamentam suas crias.

Isaías 40:11

Deus Pai, que bênção é este meu bebê. Não há nada mais maravilhoso, mais lindo e mais revelador de teu amor. Obrigada. E, Senhor, mesmo que minha vida tenha mudado completamente, obrigada por me tratares com tanta delicadeza e por derramares sobre mim a tua graça quando mais preciso dela. Guia-me, Senhor Deus, para que eu possa criar este bebê precioso de maneira que o leve para o teu Reino. Amém.

Como você mudou desde que se tornou mãe

- **Seu antigo eu**: usava roupas lindas, blusas apertadas e arrumava o cabelo todo dia sem falta.
- **Seu novo eu:** Vem usando o mesmo pijama há uma semana. (Em sua defesa, há de se reconhecer que é um pijama muito, muito lindo.)
- **Seu antigo eu**: Sabia como fazer deliciosos sanduíches de queijo.
- **Seu novo eu**: Almoça sanduíches de queijo. Três vezes por semana.

- **Seu antigo eu**: Inventava uma desculpa para se ausentar da reunião superlonga e superentediante do condomínio porque era superlonga e superentediante.
- **Seu novo eu**: Queria poder ir à reunião superlonga e superentediante do condomínio (já que pelo menos sairia de casa), mas não pode, porque acontece durante o horário da soneca do seu filho.
- **Seu antigo eu**: Nunca tinha tempo para almoçar com suas amigas.
- **Seu novo eu**: Deixa seu bebê dormir no assento portátil, enquanto almoça com suas amigas que não via há semanas.
- **Seu antigo eu**: Se sentia culpado quando ia dormir sem antes lavar a louça.
- **Seu novo eu**: Passa o dia inteiro observando seu bebê dormir — e não sente o menor remorso com o fato de o mesmo prato permanecer na pia há uma semana.

O estilo da mãe cristã

Esta história é verdadeira: quando contei à minha amiga que estava escrevendo um guia cristão para a gravidez, ela disse: "Cada mãe grávida passa pelo mesmo período de enjoo matinal e pelo mesmo ganho de peso. Por que, então, precisaria de um guia de gravidez especificamente para mães cristãs? Um guia de gravidez antigo diria exatamente a mesma coisa."

E ela está correta — de certa forma. Sim, cada mãe, seja ela cristã ou não, tem experiências semelhantes enquanto aprende a ser uma mãe. Cada uma tem aquele sentimento intenso de "nunca me acostumarei a quão maravilhoso você é" e de simultaneamente entrar em pânico pelo fato de ser totalmente responsável pela minúscula vida em seus braços. Nós, mães ursas, protegemos nosso bebê ferozmente, tanto física quanto emocionalmente, e fazemos de tudo para garantir a segurança, a saúde e a felicidade do nosso bebê. É a natureza humana.

Mas o que distingue a mãe cristã é que ela também se preocupa profundamente com o relacionamento da família com Jesus. Queremos nos aproximar de Jesus nessa jornada da maternidade, e queremos que nossos filhos cresçam o amando com todo o seu coração, toda a sua alma e toda a sua mente. Ao mesmo tempo, queremos ensinar aos nossos filhos a adquirirem caráter, a desenvolverem uma fé sólida, queremos semear em seus corações a alegre esperança em Jesus e ajudá-los a entender que, apesar de serem pessoas imperfeitas, eles servem a um Deus que é perfeito e que perdoa, que é amoroso e que também é poderoso. Um grande desafio. Mas antes de entrar em pânico (basta que eu me dê conta do tamanho dessa tarefa para me confrontar com minha própria indignidade), quero lembrá-la de que é Deus quem age na vida dos seus filhos. Foi Deus quem os criou com um plano perfeito em mente para as suas vidas. E é Deus quem fará de tudo para tornar esse plano realidade. Isso não é um alívio?

Evidentemente, nós, os pais, também temos uma responsabilidade. Deus nos chama para amarmos e educarmos nossos filhos no temor dele. E isso começa a partir do primeiro dia. Sim. Você pode começar a falar ao seu filho sobre Jesus a partir do dia em que ele nasce. Aqui estão algumas maneiras fáceis de fazer isso:

1. **Ore**. Creio que seja algo básico que todas as mães cristãs orem por seus filhos. Mas sei também como é se encontrar naquela fase de bebê recém-nascido em que nunca há tempo para fazer o básico, como dormir e tomar banho. E quando eu estive nessa fase, o tempo de oração costumava ser passado para o fim da fila. Quero

encorajá-la a desenvolver o hábito de orar por seus filhos com frequência. Um método que me ajudou muito foi usar as Escrituras para orar pelos meus. Passei os últimos seis meses lendo a carta de Paulo aos efésios e usando as palavras dessa epístola para orar pelos meus três filhos. Foi uma experiência poderosa em que Deus me revelou muito dos seus planos para eles.

2. **Corrija suas expectativas**. Uma coisa que tive que aprender como mãe de primeira viagem foi que meu tempo com Jesus mudou em relação à época em que eu não tinha filhos. Nos meus dias pré-mãe, eu costumava reservar muito tempo para orar e ler a Bíblia. Quando precisava de mais tempo com Deus, simplesmente adiantava o despertador. Mas acredito que toda mãe lhe dirá que um bebê é muito melhor do que um despertador e que se pretende acordar às seis, seu bebê a acordará às 5h50. Por causa disso, tive que aprender a fazer pequenos intervalos de oração ao longo do dia e encontrar horários alternativos para ler a Bíblia (por exemplo, durante as sonecas do meu bebê).

3. **Cante**. Adoro a canção "Change My Heart, O God" [Tranforma meu coração, ó Deus], por isso, quando minha filha era novinha, eu me sentava em minha cadeira de balanço, a apertava contra meu peito e cantava essa música repetidas vezes. Durante muitos meses, era assim que ela caía no sono. E, até agora, mais de quatro anos depois, ela ainda canta essa música em voz alta e clara sempre que está triste ou agitada. Para ela, a canção se transformou em consolo.

4. **Seja um exemplo**. Adote o hábito de passar trinta minutos toda manhã — quando seu bebê puder vê-la e ouvi-la — lendo a Bíblia e orando. Sim, um bebê de dois

meses não entenderá o que está acontecendo, mas à medida que ele crescer e perceber que sua mãe passa algum tempo no mesmo lugar orando com Deus, ele talvez se inspire a fazer o mesmo.

5. **Leia a Bíblia para seus filhos**. Sei que ler a Bíblia numa versão antiga para um bebê de seis meses acabará com a paciência dele em 14 segundos, mas tente lhe dar acesso à Bíblia em porções apropriadas à idade dele. Mostre um arco-íris no céu e conte-lhe sobre a arca de Noé. Leia histórias bíblicas curtas de uma Bíblia para crianças. Fale sobre como Deus criou tudo que vemos no mundo. Enquanto seu bebê cresce, essas conversas simples se entrelaçarão com suas experiências e se transformarão em parte de sua herança espiritual.

Ser mãe é muito legal!

A verdade é que ser mãe é a melhor coisa de todas, independentemente de quantas fraldas você trocou ou de quantas vezes seu bebê a acordou na noite passada. Seu bebê é a coisa mais maravilhosa que já aconteceu na sua vida. E além do fato de ela ter se tornado um pouco mais maluca do que já costumava ser, sua vida também é muito mais doce. Nada supera o sorriso de um bebê e seus joelhos gordinhos. Nada.

Quando tem um bebê novinho em folha, você se sente como uma estrela do rock. Não importa para onde vai, as pessoas apontam para ele, o admiram e tentam arrancar um sorriso dele. Abrem as portas para seu carrinho de bebê e lhe dão conselhos no elevador. Conversam com você, saudosamente lembrando os tempos em que seus filhos, que agora estão com trinta anos, eram bebês. E todos — literalmente todos — admirarão seu bebê por sua força/esperteza/inteligência/doçura.

Mesmo quando as coisas ficam difíceis, quando seu bebê a acorda 17 vezes no meio da noite e você gasta um pacote de fraldas inteiro em 24 horas, nada neste mundo conseguirá abafar o sentimento que existe por esse bebê em seus braços. Nos meus primeiros dias como mãe, eu estava completamente maravilhada com meu filho e o amor que tinha por ele.

A experiência desse amor me mostrou muito sobre o amor que Deus tem por nós. É claro que jamais conseguiremos amar como ele nos ama, mas a mera experiência de ser mãe e de amar um filho me encheu com gratidão. Em 1João 3:1, a Bíblia nos instrui a ver "como é grande o amor que o Pai nos concedeu: que fôssemos chamados filhos de Deus, o que de fato somos!". Deus me ama mais do que jamais serei capaz de compreender; mas, ao segurar meu filho nos braços pela primeira vez, vislumbrei esse amor. Que sentimento maravilhoso!

De qualquer forma, agora que você entrou no clima de ser mãe, chegou a hora de falar sobre os detalhes de ser mãe de um recém-nascido. Como trocar as fraldas de seu bebê sem que ele a cubra toda de xixi? Como distinguir se os gritos do seu bebê são verdadeiros ou se ele está apenas bolando um plano diabólico para mantê-la acordada a noite toda? E como, pelo amor de Deus, conseguirá abotoar aquele macacão fofinho quando seu bebê não para de espernear? Vamos descobrir juntas.

Capítulo 2

O período de resguardo da mãe cristã

Recuperação, emoções, hormônios e outras coisas pós-parto

Seu bebê pode ter saído com um primeiro empurrão sem que você tenha percebido ou apenas após 13 horas de trabalho de parto árduo que culminou numa cesariana: seja como for, ouso dizer que foi uma experiência traumática. E, apesar de acreditar que Deus nos criou para esse propósito e nos equipou com tudo que precisamos para crescer e sobreviver como mães, isso não significa que o parto não seja a coisa mais traumática que uma mulher experimenta em sua vida. E não existem bolsas de gelo em número suficiente no mundo inteiro para me convencer do contrário.

Mas você conseguiu! E agora está com um bebê lindo em seus braços para lembrá-la de que cada contração e cada ponto que levou valeram a pena. Pois seu bebê saiu. E se isso não bastar para deixá-la exultante, o fato de seu bebê ter saído significa que você não está mais grávida. E isso é motivo para celebrar. Chega de ganho de peso. Chega de estrias. Chega de desejos estranhos no meio da noite. Chega de insônia gestacional. (Ainda falaremos da insônia causada por um bebê.) Agora, tudo que existe é este pequeno doce milagre olhando para você.

Evidentemente, esse trauma significa que você precisa se recuperar. Alguns meses atrás, baixei um livro chamado *The Prospective Mother: A Handbook for Women During Pregnancy* [Futura mãe: um manual para mulheres durante a gravidez], escrito em 1912 por um médico do hospital Johns Hopkins. O livro está repleto de detalhes que me deixam grata por ser uma mãe do século XXI, e não de 1912. O fato mais interessante para mim foi que, na época, os médicos acreditavam que uma mulher não deveria nem sequer se levantar da cama durante seis semanas (sim, seis *semanas*) após o parto. Chamavam isso de puerpério, ou resguardo, e uma família típica contratava uma enfermeira, que passava a viver na casa durante dois meses após o nascimento do bebê, para que a mãe pudesse se recuperar sem interrupção e completamente relaxada.

Creio que ficar na cama por seis semanas simplesmente não funcionará para você e sua família — imagine quanto custaria contratar uma enfermeira para viver em sua casa durante dois meses —, mas acho que podemos aprender algo com isso. Pois mesmo que a dor passe e seu corpo comece a se recuperar, você passou por um trauma enorme, e lembrar-se de que deve ir com calma durante algumas semanas a ajudará a se recuperar mais rapidamente.

Portanto, vamos oficializar: estou implementando um resguardo para todas as mães cristãs. E isso significa que eu serei mandona e vou pedir que faça algumas coisas para que se recupere o mais rápido possível. Tenho até um contrato que você, seu marido e a pessoa que lhe trará o café com leite para a cama quando você mais precisar terão que assinar. Leia-o com cuidado, assine-o e depois cumpra-o. Eu prometo: você me agradecerá daqui a seis semanas.

Contrato oficial para o resguardo da mãe cristã

Eu, ______________________________, estou oficialmente declarando que as seis semanas após o nascimento do meu bebê serão um resguardo no estilo da mãe cristã. Durante este período, solenemente prometo que:

- Relaxarei. Não me sentirei culpada se passar uma tarde inteira assistindo a episódios de *Law & Order* e depois "cozinhar" cereais para o jantar.
- Focarei em cuidar de mim mesma e do meu bebê sem me preocupar com coisas como desfazer a mala do hospital, desmontar a árvore de Natal ou aspirar o chão da sala. (A não ser, é claro, que o barulho do aspirador ajude o bebê a cair no sono; neste caso, farei isso tantas vezes quanto for necessário.)
- Deixarei meu bebê cair no sono no meu colo e então usarei esse tempo para orar, ler ou fazer outra coisa relaxante. Tarefas como escrever listas de afazeres, desenvolver um plano para a empresa que inventei na noite passada durante a sessão de amamentação e inventar uma bomba tira-leite que funciona enquanto eu estiver dormindo ficarão para depois do resguardo.
- Dormirei quando meu bebê dormir. Mesmo se a pia estiver cheia de louça suja e a sala tiver pilhas de roupa que precisam ser passadas, meu sono terá prioridade.
- Aceitarei ajuda de outros. Não terei sentimento de culpa quando minha melhor amiga trouxer uma lasanha

ou minha sogra se oferecer a passar as pilhas de roupa. Porque elas me amam. E eu faria o mesmo por elas sem pensar duas vezes.

- Valorizarei este tempo. Sim, estou exausta, mas meu bebê será deste tamanho apenas uma vez. E eu valorizarei cada sessão de amamentação, cada gargalhada e cada sorriso, que, provavelmente, é apenas causado por gases, mas que, mesmo assim, é fofo demais.

Assinatura: ______________________________

Marido: ________________________________

Testemunha: ____________________________

A cura das "regiões inferiores"

Minha irmã Alisa me contou que, após o nascimento de sua filha, bastava pensar naquilo que havia acontecido "lá em baixo" para fazê-la tremer. E o mero pensamento de ter que ir ao banheiro ou até mesmo fazer sexo em algum momento no futuro a fazia chorar. E visto que a mera lembrança do trauma pelo qual suas partes íntimas tiveram que passar a faz tapar os ouvidos e cantar "I will survive", sei que a leitura desta seção não será fácil para você. Mas vou lhe dar todos os detalhes, sem eufemismos, pois posso lhe garantir que aquilo que você imagina é pior do que a realidade. Ou tão grave quanto a realidade.

Comecemos com o básico. Olhe para o seu bebê. Olhe para sua cabeça. Aquela cabeça linda — com o cabelo de bebê sedoso e com aqueles lábios rosados miúdos — acaba de passar pela sua vagina. E mesmo que sua vagina tenha feito um trabalho fantástico se estendendo para ajudar no processo, é provável que você tenha sofrido algum tipo de laceração no períneo. Alguns médicos e parteiras fazem um corte proposital (episiotomia) para facilitar a saída do bebê, mas a maioria permitirá que a pele rasgue naturalmente, pois sabe-se que esse tipo de corte sara mais rapidamente.

Seu médico ou sua parteira pode ter mencionado alguns números relacionados ao seu corte, dizendo algo como "Puxa, temos um corte de categoria 4 aqui" ou "É apenas um corte de categoria 2". E mesmo que esses números sirvam muito bem para você se gabar diante de suas amigas, a verdade é que todos doem. E não importa a categoria, não é divertido ter que lidar com cortes desse tipo.

A primeira coisa que seu médico fará após o nascimento do seu bebê e a retirada da placenta é examinar suas regiões inferiores para avaliar o prejuízo. A essa altura, é provável que você esteja segurando seu bebê, e, por isso, sua atenção estará desviada (o que é bom) e você não sentirá muita coisa. Uma vez que o prejuízo foi avaliado, você precisará de alguns pontos. Se ainda estiver sob o efeito da anestesia epidural, não sentirá nada, e mesmo que tenha tido um parto normal, sua região genital estará tão entorpecida pelo parto que as agulhadas serão quase imperceptíveis.

Uma vez que o corte estiver costurado, a equipe médica colocará uma bolsa de gelo sob seu traseiro, para que você esqueça o que acabou de acontecer e foque naquilo que realmente importa: seu bebê. Ao longo dos próximos dias, as enfermeiras voltarão a examinar suas regiões inferiores e lhe trarão bolsas de gelo o tempo todo para diminuir o inchaço, mas em geral você pode ignorar o processo de cicatrização lá embaixo enquanto estiver no hospital. Mas virá o momento (quando seu marido passar por um quebra-molas sem frear) em que você perceberá o quanto aquela região realmente dói. E no mesmo momento em que se der conta da intensidade da dor, lembrará que agora ninguém cuidará disso além de você mesma. Aqui estão algumas dicas que podem ajudá-la:

1. **Siga as instruções do seu médico, da sua enfermeira ou da sua parteira ao pé da letra**. Pode parecer um pouco estranho borrifar água morna lá embaixo toda vez que for ao banheiro durante algumas semanas, mas tenho certeza de que todas nós concordamos que uma infecção não promete muita diversão.

2. **Não tenha medo de usar analgésicos**. Annie, minha cunhada, sofreu um corte tão severo ao dar à luz meu sobrinho que seu médico lhe receitou um analgésico fortíssimo. Ele aliviou seu medo de tomar um analgésico tão potente dizendo que o corpo cura mais rápido se ele não estiver focado na dor. Portanto, pode supor que, se seu médico receita um analgésico, o prejuízo causado justifica seu uso.

3. **Não se esqueça de tomar seus laxantes**. Sem dúvida alguma, seu médico lhe dará algum laxante, que você deve tomar durante as primeiras semanas após o parto. Não quero ser explícita demais aqui, mas basicamente fezes mais macias facilitam o ato de evacuar, o que alivia o estresse sobre suas partes traumatizadas. E beba também muita água para facilitar o processo.

4. **Troque seus absorventes com frequência**. Você terá sangramentos durante algumas semanas (lóquios), e se manter limpa lá embaixo é outra maneira simples de evitar infecções e de apressar a cura do seu corpo.

5. **Descanse o máximo possível**. Creio que não seja necessário dizer que exercícios físicos e visitas à academia prolongarão seu processo de convalescença.

A primeira ida ao banheiro

Queria poder dizer que você pode simplesmente tapar seus ouvidos e cantarolar "lá, lá, lá" e ignorar o que acontece lá embaixo. Mas, infelizmente, isso não é possível. Pois existe uma coisa que você precisa fazer e que a lembrará rápida e dolorosamente do trauma que vivenciou.

Eu fiz cesáreas, portanto, nunca tive que lidar com isso, mas minhas amigas que tiveram partos normais afirmam sem exceção que, mesmo que a primeira ida ao banheiro seja assustadora, ela não é tão ruim quanto você imagina. Minha amiga Angie me contou que ficou deitada durante seis horas — é isso aí, 360 minutos — para criar coragem para ir ao banheiro. No fim, sua bexiga estava tão cheia que ela não conseguiu mais segurar; ainda assim ficou sentada na privada durante vinte minutos, segurando o xixi, tentando vencer o medo. Ela disse que doeu. Mas não tanto quanto havia imaginado.

Cinco coisas que você deve saber sobre idas ao banheiro após o parto

1. **Pode ser difícil começar**. Se você teve uma anestesia epidural ou passou por uma cesárea, é provável que tenha sido colocado um cateter. Isso e o trauma do parto podem irritar muito a sua bexiga. O que significa que você pode ficar sentada no vaso durante vinte minutos tentando fazer xixi para então conseguir urinar um pouquinho. E uma vez que começa a urinar, é possível que seu fluxo de urina pare antes de esvaziar completamente a bexiga. Não se apresse. Isso é normal.

2. **O processo será sangrento**. Creio que não exista muita coisa para prepará-la para a quantia de sangue que você perderá imediatamente após o parto, mas me permita

lhe dizer que sua primeira ida ao banheiro será sangrenta. Mas, na maioria das vezes, sangramentos pós-parto — até mesmo sangramentos significativos — são perfeitamente normais. É possível que a enfermeira ou a parteira lhe dê um copinho para checar sua urina e sua perda de sangue.

3. **Mantenha os produtos de higiene ao alcance da mão.** Você precisará de muitos equipamentos quando for ao banheiro durante os primeiros dias após o parto. Minha enfermeira no hospital preparou uma linda cestinha com absorventes, aquelas calcinhas horríveis do hospital, uma garrafa borrifadora e alguns lenços umedecidos, e a colocou no balcão ao lado do vaso sanitário. Dessa forma, tive tudo que precisava ao alcance da mão.

4. **Talvez você precise de ajuda para se levantar e se sentar.** Isso talvez a faça se sentir como uma mulher idosa, mas basta lembrar que você acaba de passar não só pelo trauma do parto, mas também por nove meses de gravidez que alongaram seus músculos abdominais ao máximo, para perceber que precisar de um pouco de ajuda para se sentar e se levantar não é nenhuma vergonha.

5. **Não use roupa chique no banheiro.** Pouco tempo após o nascimento de Will, vesti uma calça linda antes de ir para o banheiro, querendo me refrescar a me arrumar para as visitas que estavam prestes a chegar. Trinta minutos depois, as calças estavam jogadas no chão e encharcadas com uma mistura nojenta de água e sangue, e nem consegui me abaixar para catá-las. Sei que você não quer saber de todos esses detalhes — lembra que eu disse que daria todos os detalhes? — mas sugiro que use aquela roupa horrível do hospital em suas primeiras idas ao banheiro.

A recuperação da cesárea

Eu fiz três cesáreas, por isso, nunca tive que lidar com todos esses problemas com os quais as mães que tiveram parto normal precisam lidar. Mas acredite em mim: uma cesárea não é tão fácil assim. Pois o trauma evitado nas regiões inferiores é substituído por um trauma em toda sua região abdominal — o que não facilita muito a recuperação.

Três horas após o nascimento (por parto normal) do meu sobrinho Jacob, fui fazer uma visita e encontrei minha cunhada Annie sentada na cama, comendo um sanduíche. Fiquei maravilhada, lembrando-me do dia inteiro que passei entorpecida após a cirurgia e dos dois dias sem comida após minha primeira cesárea. (Aparentemente, existe uma regra segundo a qual as mulheres precisam soltar gases antes de voltarem a rotina de ingerir comida.) Na época, eu estava no oitavo mês de gravidez do meu terceiro filho e, assim que saí da sala do hospital, liguei para o meu médico perguntando se existia alguma maneira de eu fazer um parto normal em vez de uma cesárea. Veja bem, não estou dizendo que um parto normal seja fácil — sei que não é —, mas conseguir comer um sanduíche duas horas após o parto me parecia motivo suficiente para tentar.

Acabei fazendo outra cesárea. Meu médico achava que um parto normal não seria seguro, visto que minhas duas primeiras gravidezes haviam sido muito próximas uma da outra, mas ainda sinto um pouco de inveja da rapidez com que minhas amigas se recuperaram física e mentalmente do parto normal. Dito isso, após passar três dias no hospital, consegui me levantar de uma cadeira sem muita dor após duas semanas. Seguem algumas dicas para ajudar na recuperação após uma cesárea.

1. **Tome seus medicamentos**. Quando meu primeiro filho nasceu, tive a brilhante ideia de não passar na farmácia quando voltamos do hospital e tentar sobreviver sem

analgésicos. Não tenho a mínima ideia de como eu pude acreditar que isso era uma boa ideia — talvez por causa dos hormônios pós-parto? — mas digamos apenas que, três horas mais tarde, meu marido teve que fazer uma excursão à farmácia. Meu conselho: tome os analgésicos prescritos durante a primeira semana e, caso queira diminuir a dose depois disso, fale com seu médico para que ele a instrua como fazê-lo.

2. **Ligue para seu médico se sentir dores nos ombros ou na coluna**. Aqui vai um pouco de conhecimento médico que você talvez não tenha: os nervos do seu diafragma são ligados aos nervos de seus ombros e de sua coluna superior. Aprendi esse fato completamente inútil quando tive dores excruciantes em meus ombros após a terceira cesárea. Senti tanta dor que meu marido ligou para o médico, que me explicou que dores nos ombros ou na coluna após o parto são, muitas vezes, resultado de lesões sofridas pelo diafragma durante a cesárea. Isso não é perigoso e, muitas vezes, a dor pode ser aliviada por meio de uma breve caminhada, uma massagem ou um comprimido anti-inflamatório; mas se você estiver sentindo uma dor intensa nos ombros, informe ao seu médico para que ele possa ajudá-la melhor.

3. **Levante-se e mexa-se**. Não estou dizendo que você deva comprar um DVD de dança e colocar sua roupinha de academia, mas uma breve caminhada pelo quarteirão do hospital ou de sua casa realmente ajuda na cura. Portanto, sempre que você se sentir disposta, tente fazer uma caminhada de cinco minutos a cada hora.

4. **Mantenha tudo que precisa próximo de si**. Sei que acabei de lhe dizer que você precisa levantar e se mexer, mas preciso lhe dizer também que levantar pode ser doloroso. Portanto, limite seus movimentos ao mí-

nimo em casos de emergência (por exemplo, lanches noturnos) e evite se levantar por razões desnecessárias (por exemplo, para pegar o controle remoto). Sugiro que peça que seu marido deposite tudo que você possa precisar na próxima hora — um livro, o controle remoto, seu celular, seu laptop — do seu lado para que você descanse.

5. **Beba muita água**. Não tenho certeza se isso é medicamente comprovado, mas a sabedoria tradicional afirma que seu corpo se recupera melhor se estiver hidratado. E visto que água é também essencial para a amamentação, beber muita água é um imperativo absoluto.

Lóquios

Advertência: se você não for mãe, mas pegou este livro por acaso e começou a ler quando o descobriu na mesa de centro na casa de sua amiga, sugiro que pule esta seção. Esta é uma das coisas que podem matar seu desejo de querer um bebê. (E se já conseguiu chegar até aqui em sua leitura sem entrar em pânico, isto pode simplesmente ser a última gota.) Mães grávidas e que acabaram de dar à luz, continuem sua leitura. Ao restante de vocês, peço que pulem diretamente para a página 138, onde lhes direi tudo sobre as coisas totalmente inúteis de bebê, mas absolutamente adoráveis que podem comprar para sua amiga que lhes emprestou este livro.

Continuemos, então. Você se lembra de como todos lhe disseram que a grande vantagem da gravidez é não menstruar durante nove meses? Como se a ausência da menstruação compensasse o enjoo matinal, o ganho de peso e as dores na coluna que você experimentou. O que esse povo bem-intencionado não lhe disse é que, quando seu bebê nascer, seu corpo recuperará todas essas menstruações perdidas liberando tudo que tinha represado para alimentá-lo e protegê-lo.

Não quero ser drástica, mas preciso dizer que a coisa será sangrenta — durante três a seis semanas, se os sites médicos estiverem corretos. E, durante essas três a seis semanas, você terá que trabalhar duro não só para manter essa região limpa (veja as dicas para ajudá-la a curar "lá embaixo"), mas também para ficar atenta ao fluxo, assim poderá relatar qualquer coisa incomum a seu médico ou sua parteira. Se não sabe o que "incomum" significa nesse caso, pode partir da suposição de que você deve estar bem se não liberar coágulos maiores do que uma ameixa e se eles não tiverem um cheiro ruim. Se perceber coágulos enormes e um cheiro desagradável, ligue imediatamente para seu médico, pois isso pode ser indício de uma infecção.

O fluxo de hormônios

Algumas horas após o nascimento do meu filho Will, meu marido caiu no sono no sofá do meu quarto no hospital sem tirar seus sapatos. Visto que havíamos passado metade da noite lidando com contrações antes de uma cesárea às quatro e meia da manhã, você pode achar que cair no sono era uma coisa perfeitamente aceitável. Pode até achar que ele estava exausto, e já que tanto o bebê quanto eu estávamos dormindo, este era um momento ideal para ele também tirar uma soneca. Mas você está errada.

Pois claramente — pelo menos para a mente de uma mãe inundada por hormônios pós-parto — qualquer homem que cai no sono sem tirar os sapatos num quarto de hospital está tentando enviar uma mensagem à sua esposa de que ele está com raiva dela por fazê-lo ficar acordado a noite toda e forçá-lo a dormir numa cama desconfortável. E, já que está irritado, provavelmente quer que ela o acorde de sua soneca para lidar com uma sessão de lágrimas, durante a qual ela lhe diz que não pretendia mantê-lo acordado a noite inteira e que, se ela tivesse tido a opção, teria parido o bebê às cinco da tarde. Faz sentido, não faz?

Creio que toda mãe lhe dirá que uma das coisas mais chocantes da experiência pós-parto é o fluxo de hormônios que a inunda uma ou duas horas após o parto. No meu caso, isso provocou mudanças extremas de humor. Eu chorava num minuto, ficava irritada no minuto seguinte, e doida de alegria cinco minutos mais tarde. Isso é completamente normal, mesmo que um pouco irritante para os pais exaustos que tentam dormir um pouco, e pode ser atribuído a milhões e milhões de hormônios que inundam seu corpo assim que seu bebê nasce. Se tiver dificuldades para lidar com isso, fale com seu médico, sua enfermeira ou sua parteira sobre como você se sente. Os profissionais médicos conhecem muitas dicas que a ajudarão a passar por isso.

Tristeza pós-parto

Parte da inundação de hormônios é uma condição supercomum conhecida como *baby blues*, ou tristeza pós-parto. Essa melancolia ou tristeza é como uma leve depressão ou ansiedade que se manifesta em 75% das mães nos primeiros dias após o parto.

Lembro-me de chegar em casa após o nascimento da minha filha Kate e encontrar placas e cartazes no jardim que diziam "É uma menina!" e uma pizza quente na cozinha. A família inteira havia se reunido para nos receber em casa; e, apesar de ser a coisa mais doce que poderiam ter feito, simplesmente desabei e chorei. Senti tantas emoções indescritíveis que literalmente não consegui conversar com ninguém. Em retrospectiva, vejo claramente que se tratava da tristeza pós-parto.

Se você perceber que começa a chorar por motivo nenhum durante os dias após o parto, não entre em pânico acreditando que tenha se transformado em um caos emocional. Pois muito provavelmente se trata da depressão dos primeiros dias, que desaparecerá logo, assim que seus hormônios reencontrarem o equilíbrio.

Depressão pós-parto

Antes de prosseguir, quero dizer que um leve caso de depressão de alguns dias, experimentado por muitas mães, não deve ser confundido com a depressão pós-parto (DPP). A DPP é uma grave doença, de causa hormonal, que vai muito além do caos que todas as mães vivenciam. É muito séria do tipo "fale com seu médico imediatamente".

Uma das minhas melhores amigas, a Anna, teve uma DPP severa após o nascimento de seu segundo bebê. Anna é uma mãe cristã vibrante, inteligente, corajosa e divertida que jamais deixa seus amigos, seus filhos e seu marido na mão. É uma pessoa maravilhosa, do tipo que consegue administrar sua carreira, cuidar de seus filhos, de seu lar (e ainda participar de corridas) com graça e leveza.

Quando seu marido, Bryan, a encontrou recolhida em seu quarto durante horas, chorando incessantemente e absolutamente incapaz de fazer qualquer coisa, ele sabia que algo muito sério estava acontecendo. Ela parecia ter se transformado em outra pessoa. Quando Anna começou a ter pensamentos suicidas — e falou como se seu novo bebê, Alice, pertencesse a outra pessoa —, o casal percebeu que ela precisava de ajuda.

Felizmente seu médico reconheceu a gravidade de sua situação. Ele agiu imediatamente e providenciou a ajuda de que ela precisava. E agora, seis meses mais tarde, Anna voltou a ser a pessoa tranquila e divertida, que administra a carreira, cuida de seus dois filhos, além de criar um labrador, com graça e firmeza. Mas foi difícil. E já que ela sabe como foi difícil, ela se encontrou comigo para almoçar e me dar algumas ideias sobre como ajudar uma mulher que sofre de DPP.

Autoajuda para mães com DPP

- **Ligue para o seu médico**. DPP é algo muito sério, e seu médico conhece muitos remédios que podem ajudar. Anna fez questão que eu lhe dissesse que, caso ache que o remédio não está ajudando, você deve falar novamente com seu médico. Ela precisou tentar vários medicamentos até encontrar aquele que funcionou com ela; quando descobriram o remédio certo, ela começou a se sentir bem melhor.
- **Fale com um conselheiro**. Minha amiga Lucille Zimmerman, uma conselheira que também escreveu um livro sobre como uma mulher pode cuidar de si mesma em situações difíceis, me disse que quando uma mulher sofre de DPP, ela precisa não só de ajuda médica, mas precisa aprender também a lidar com as mudanças enormes que ocorreram em sua vida. Um psicólogo qualificado pode ajudar.
- **Esteja disposta a aceitar ajuda**. É difícil aceitar ajuda de outros, especialmente quando você está acostumada a ser uma supermãe autossuficiente, mas é importante. Você não só receberá a ajuda que precisa — a última coisa com que deveria se preocupar nesse instante é a roupa suja —, mas receberá também o tempo necessário para descansar e se recuperar.

- **Afaste-se**. DPP não é uma daquelas doenças que você precisa apenas aguentar até ela passar. É coisa séria. E talvez você tenha que se afastar e passar algum tempo sozinha para conseguir se curar. Quero assegurá-la que não há nada de errado — é até admirável — em estar disposta a deixar seu bebê com a avó ou uma amiga e se afastar um ou dois dias para cuidar de si mesma.

Como ajudar sua esposa ou uma amiga com DPP

Quando Anna e eu falamos sobre DPP, ela me contou que seu marido praticamente salvou sua vida nos meses após o parto. E Anna não lhe dá todo esse crédito à toa. Vejo que a reação dele foi o catalisador que iniciou sua cura. Quando ela adoeceu, a primeira coisa que Bryan fez foi entrar em contato com toda a rede de apoio dela, para que juntos pudessem cercá-la de atenção e ajudá-la a passar por esse momento difícil. Ele sempre esteve ao lado dela, garantindo que recebesse a ajuda de que precisava e, altruisticamente, se ofereceu e assumiu seu fardo até sua cura. Uma linda postura.

Creio que todos nós desejamos ser um Bryan para nossos amigos e familiares que sofrem. Todos nós queremos ser a estrutura de apoio para nossos entes queridos, que precisam de nós. Mas nem sempre sabemos como fazer isso. Aqui estão as sugestões de Bryan e Anna. Como você pode ajudar?

1. **Faça visitas**. Quando Anna adoeceu, Bryan ligou para mim e para todas as amigas mais próximas dela e pediu que a visitássemos sempre que possível. Nós nos reunimos e estabelecemos uma agenda para que sempre houvesse uma amiga que a visitasse em cada dia da semana. Anna conta que havia dias em que ela queria se trancar

no quarto e ignorar a campainha, mas quando começou a se recuperar, percebeu que estava ansiosa pela visita. E se sentiu melhor sabendo que tinha uma enorme rede de apoio.

2. **Fale... e ouça quando ela estiver pronta**. Rebecca, outra boa amiga minha também sofreu uma DPP. Quando Anna adoeceu, Rebecca mandou um e-mail para ela e lhe contou suas experiências com DPP e disse que, quando estivesse pronta para falar sobre como se sentia, ela, Rebecca, estaria lá para ouvi-la. Anna disse que ignorou o e-mail por um bom tempo, mas, quando os remédios começaram a surtir efeito, ligou para Rebecca, e elas tiveram uma longa conversa sobre suas lutas. Foi muito bom ter alguém que a ouviu, sobretudo alguém que ouviu e entendeu perfeitamente o que ela estava passando.

3. **Intervenha**. Mesmo que sua esposa ou amiga insista que está bem, é sua obrigação intervir quando ela precisar de ajuda. Isso significa fazer tudo e qualquer coisa para garantir que ela receba a ajuda de que precisa, mesmo que isso signifique levá-la ao hospital ou afastá-la de uma situação perigosa.

4. **Ore**. A coisa mais poderosa que você pode fazer para ajudar sua amiga é orar por ela. E diga a ela que você está orando por ela, mande um e-mail ou um SMS para encorajá-la e lhe dizer que ela não está sozinha nessa batalha, mas que tem o apoio e a ajuda do Deus todo-poderoso.

Descanso para a mãe

Para quando você estiver deprimida ou ansiosa em sua nova fase como mãe

Bendito seja o Deus e Pai de nosso Senhor Jesus Cristo, Pai das misericórdias e Deus de toda consolação, que nos consola em todas as nossas tribulações, para que, com a consolação que recebemos de Deus, possamos consolar os que estão passando por tribulações.

2Coríntios 1:3-4

Jesus, tu és o Senhor da paz e do consolo. E neste momento preciso que me abraces e me preenchas com teu Espírito. Estou enfrentando dificuldades neste momento, Senhor, e oro para que me dês a força necessária para sobreviver aos dias, às horas e aos minutos que me esperam. Senhor, dá-me a capacidade de reconhecer meus limites, de pedir ajuda quando necessário e de confiar em ti de todo o coração. Amém.

Uma dor no seio

Nos tempos quando ainda não tinha filhos, meus seios não representavam uma grande preocupação na minha vida. Sim, escolhia sutiãs que caíam bem e verificava se meus mamilos não apareciam por baixo da blusa, mas, em geral, raramente pensava em meus seios. E, quando me lembrava deles, fazia um rápido autoexame e depois voltava minha atenção para outras coisas mais importantes.

Mas, quando meu primeiro bebê nasceu, no final de sua primeira semana de vida, meus seios haviam se tornado não só o centro do mundo dele, mas também haviam se tornado uma prioridade da minha vida. Por quê? Porque doíam. Muito. E pelo fato de doerem, amamentar meu bebê toda vez que ele estava com fome era uma experiência excruciante. Não que eu esteja sendo dramática.

Agora que deixei você preocupada, deixe-me confortá-la: sim, seus seios doem agora, mas não doerão para sempre. Na verdade, uma vez que superar a dor inicial do tipo "Sinto vontade de gritar sempre que meu bebê se aproxima do meu corpo", amamentar seu bebê se tornará praticamente indolor. Esse período dura aproximadamente duas semanas; você precisa sobreviver a elas e permitir que essa parte até então ignorada do seu corpo se acostume a um bebê que suga e aperta o tempo todo e ao processo de lactação. Após esse tempo as coisas se tornarão bem mais fáceis. Para saber mais sobre isso, pule diretamente para o capítulo sobre amamentação na página 85. Enquanto isso, seguem algumas dicas para como lidar com a dor.

Fissuras mamares

Suponho que seus mamilos não estejam acostumados ao tipo (e à quantidade) de fricção produzida por um bebê colado em seus seios. Enquanto ele treina suas habilidades de pegar e sugar, seus mamilos precisam se acostumar a isso também. E, na maioria dos casos, a pele fica irritada, escoriada e rachada enquanto tenta se adaptar a toda essa atenção. Posso antecipar e dizer que 90% das mães lhe dirão que essa é a parte mais dolorosa da amamentação e, apesar da dor, seus mamilos costumam melhorar rapidamente. A partir daí, não deveriam mais doer.

Uma maneira eficaz no tratamento de fissuras mamares é a utilização de pomadas específicas. Usei muito um determinado tipo de pomada com meus dois primeiros bebês, e realmente ajudou. Mas com Will, meu caçula, minha consultora de amamentação me informou sobre outra pomada, que era mais eficiente e também muito mais barata. Converse com seu médico, para que ele a oriente quanto a que medicamento usar.

Mas há um porém: sempre uso um pano úmido para limpar meus mamilos antes de amamentar meu bebê, só para não correr qualquer risco e retirar qualquer resíduo da pomada. Provavelmente estou sendo excessivamente cautelosa — tanto minha consultora de amamentação quanto meu obstetra me disseram que a pomada é rapidamente absorvida, tornando uma lavagem supérflua —, mas quando se trata de um bebê recém-nascido, considero essa neurose absolutamente aceitável.

Minha última dica para o tratamento de fissuras mamares é comprar um pacote de compressa para os seios. São aquelas pequenas bolsas de gel com uma camada de lanolina. Você as coloca na geladeira e, depois de amamentar seu bebê, as coloca no sutiã. Eu lhe garanto, é como um minitratamento de luxo para os seios. Tenho presenteado todas as minhas amigas com elas quando as visito no hospital após o parto. Sim, é um pouco estranho dar isso de presente, mas após as usarem pela primeira vez, todas me agradecem.

Ingurgitação

A outra grande dor em seus seios (independentemente de você amamentar ou não) é a ingurgitação. Basicamente, nos primeiros dias da vida de seu bebê, seus seios produzem pequenas quantias de colostro. Esse leite amarelo e grosso é o alimento perfeito para seu bebê, pois oferece muitos anticorpos para os primeiros dias de vida, juntamente com outras coisas legais, como um laxante para ajudá-lo a expelir o mecônio (seu primeiro cocô) e para evitar icterícia. É incrível, você não acha?

Após alguns dias, seu bebê começará a perceber que o colostro não basta para satisfazer seu apetite por mais de sete minutos. E, nesse exato momento, seu corpo perceberá que precisa aumentar sua produção de leite e passará a produzir leite materno regular. Mas isso não é um processo gradual.

No meu caso, eu estava dormindo tranquilamente três dias após o nascimento do meu filho quando me virei e encostei meus seios no colchão. Gritei. Meus seios estavam cinco vezes maiores do que no momento em que me deitei, e eu não teria me surpreendido se tivessem explodido como bexigas de água. Estavam quentes, doloridos e pulsavam. E estavam jorrando leite numa escala de mais ou menos quatro copos por minuto. (Eu não medi, mas já que mães jamais exageram, tenho certeza de que estou sendo bastante precisa.) Literalmente molhei o rosto do meu marido quando levantei a blusa para ver o que estava acontecendo. Sério.

Em todo caso, seus seios ficarão ingurgitados quando eles se adaptarem à produção de leite. A boa notícia é que, após alguns dias, seus seios saberão exatamente quanto leite seu bebê precisa e adaptarão sua produção às suas necessidades. (Incrível, não é?) Até lá, a melhor coisa que você pode fazer é alimentar seu bebê quantas vezes for possível, e, caso ele não esteja acordado ou a fim de mamar, use sua bomba tira-leite para retirar uma pequena quantidade (para não danificar ainda mais a pele dos seios ou para não incentivar uma produção excessiva das glândulas, pois quanto mais leite você tirar, mais elas produzirão).

Observação: se não puder amamentar, mesmo assim ficará ingurgitada mais ou menos no segundo dia da vida de seu bebê, e você pode usar os mesmos métodos para aliviar a ingurgitação que usaria para desmamar.

Se a amamentação ou a bomba não lhe derem o alívio suficiente, existem algumas maneiras de ajudar. A sabedoria popular aposta em folhas de repolho. A estratégia consiste em colocar uma folha de repolho grande e gelada em seu sutiã a cada hora, e as propriedades químicas dele aliviarão a ingurgitação. Tentei esse método quando desmamei meu primeiro filho, e a diferença não foi significativa, mas a sensação de ter algo frio em meu seio foi agradável. Você também pode tentar compressas frias ou massagens delicadas para aliviar a dor.

Outra parte irritante da ingurgitação é que seus mamilos precisam de algum tempo para aprender a liberar o leite em momentos apropriados (como quando seu bebê está mamando) e não em momentos inapropriados (como quando você está entrando na igreja). Durante os primeiros meses, seus mamilos podem tender a vazar um pouco. E quando digo "vazar um pouco", quero dizer que, toda vez que seu bebê (ou qualquer outro bebê) chorar ou fizer algum barulho, seus mamilos entenderão que está na hora e imediatamente começarão a liberar o leite, produzindo duas manchas molhadas em sua blusa.

A solução mais simples para esse problema é usar absorventes de seios em seu sutiã até seu corpo se adaptar. Você pode comprar absorventes descartáveis na farmácia. Trata-se de pequenos círculos de algodão que você coloca em seu sutiã e depois os retira e joga no lixo antes de dormir. A outra opção são absorventes laváveis, normalmente de algodão ou lã.

Sexo após o parto

Sua consulta de seis semanas após o parto

Quando seu resguardo no estilo de mãe cristã estiver chegando ao fim, seu médico ou sua parteira irão querer vê-la mais uma vez para um exame final a fim de garantir que tudo esteja sarando apropriadamente. Agora, seu marido provavelmente se oferecerá a acompanhá-la, fingindo um interesse por como seu corpo está se recuperando após o parto. Mas a verdade é que ele estará acompanhando você por um único motivo: ele quer saber quando o médico a liberará para voltar a fazer sexo. A conversa costuma se desenrolar da seguinte forma:

MÉDICO: Como você está se sentindo?

VOCÊ: Maravilhosa! Quase normal.

SEU MARIDO: Sim, quase normal. Quero dizer, acho que ela está pronta para...

MÉDICO: (*Interrompendo seu marido*) Sim, ela está completamente pronta para voltar à academia.

SEU MARIDO: Não, eu quis dizer, ela está pronta para...

MÉDICO: Ah, ela não vai para a academia? Você é um marido tão preocupado! É claro que ela está liberada para fazer qualquer outro tipo de exercício enquanto ela não exagerar.

SEU MARIDO: Isso significa que ela está liberada para fazer sexo?

MÉDICO: Bem, puxa... ninguém me fez essa pergunta até agora! (*Ele pisca para você.*) Não tenho certeza. Deixe-me consultar os manuais de medicina. Depois volto a falar com você.

Em todo caso, além de gozar um pouco da cara do seu marido e de assegurá-la de que tudo se recuperou e está em perfeita ordem lá embaixo, essa consulta é bem simples. Seu médico ou sua parteira examinará seus seios, a incisão da cesárea ou qualquer outra coisa que possa ter sido afetada pelo parto. Por fim, fará um teste de Papanicolau só para completar sua experiência obstétrica. Depois disso, você será liberada para sair de seu resguardo e para voltar ao mundo como a antiga paciente ginecológica que era antes da sua gravidez — até a sua próxima gravidez, é claro.

Agora, a parte boa

Visto que seu marido deve estar acompanhando sua leitura e murmurando algo sobre como é cruel abordar o assunto do sexo pós-parto sem fornecer nenhum detalhe específico, eu seria negligente se não lhe dissesse pelo menos o básico. Mas, antes de fazer isso, quero deixar uma coisa bem clara: cada mulher é diferente. A recuperação pós-parto varia. Dito isso, não existe um número de dias ou semanas fixo para dizer quanto tempo precisa esperar até voltar a fazer sexo. Isso é algo que você precisa discutir com — sim, adivinhou — seu médico ou sua parteira, e também com seu marido, antes de fazer qualquer coisa.

Mas em geral, a maioria das mulheres é liberada para fazer sexo após sua consulta de seis semanas. Nessa consulta, seu médico examinará se qualquer corte causado pelo parto já sarou o bastante para garantir que você não pegue uma infecção e que seja forte o bastante para aguentar uma relação sexual.

É claro que a permissão física para fazer sexo de forma alguma significa que você esteja emocionalmente apta a lidar com sexo. A maioria das minhas amigas admitiu que teve um medo paralisante do sexo após o parto, principalmente da primeira vez. Muitas mulheres entram em pânico só de pensar em tocar aquelas partes tão traumatizadas de seu corpo. Por isso, se estiver com medo de fazer sexo — mesmo se seu médico já a liberou para isso —, sugiro que converse com seu marido sobre seus medos. Aqui estão algumas dicas de como superá-los.

Dicas para transformar o sexo pós-parto em algo divertido, e não aterrorizante

1. **Converse com seus hormônios**. Após o nascimento dos meus bebês, meus hormônios me informaram que nunca, jamais queriam voltar a fazer sexo. Isso era uma combinação de medo (relacionado à recuperação física) e do fato de meus hormônios haverem me privado completamente do meu desejo sexual, colocando-me em "modo mãe". Mas, mesmo que meu corpo estivesse negando, eu tive que dar um pequeno sermão nos meus hormônios sobre a importância da intimidade física para o desenvolvimento de um casamento forte. E então os lembrei de quanto eu desfrutaria da intimidade se eu simplesmente a praticasse.

2. **As preliminares são suas amigas**. Este não é o momento certo para uma rapidinha. Em vez disso, prepare-se para o sexo com um longo banho, uma massagem, uma taça de vinho (lembre-se: duas horas antes da amamentação!) ou um bom e tradicional namoro no sofá. Dê ao seu corpo um tempo para se lembrar de como é divertido estar com seu marido.

3. **O lubrificante também é seu amigo**. Sabe aqueles hormônios que acabaram com seu desejo sexual (veja o ponto nº 1)? Isso afeta todas as mulheres após o parto, e eles causam também uma secura vaginal. Isso não é um estado permanente, mas durante os primeiros meses após o parto, sugiro que compre um tubo de lubrificante e que o use abundantemente.

4. **Comunique como você está se sentindo**. Pode ser embaraçoso ou estranho explicar seus sentimentos — e o caos hormonal — a seu marido. Mas vocês são uma

equipe, o que significa que ele pode e deve acompanhá-la nesse processo. Diga-lhe o que está acontecendo e também que o problema não é ele ou sua falta de desejo, mas simplesmente algo que acontece quando você acaba de ter um bebê.

5. **Compre lingerie que esconda sua barriguinha**. Seu marido acha que você é absolutamente linda, com sua barriga flácida e todas as suas estrias. Acredite em mim. Mas se você for parecida comigo, sua autoestima física deve estar no chão após o parto. Então, para o seu bem — não pelo dele — compre uma lingerie que esconda todas as suas falhas pós-parto para que você possa se concentrar naquilo que realmente importa: em reestabelecer a intimidade física.

6. **Tire o bebê do quarto**. Muitos pais — inclusive eu mesma — deixam seu bebê dormir no seu quarto em um berço portátil durante os primeiros meses. E, enquanto isso é ótimo para criar vínculos com ele, não é exatamente a melhor coisa para criar intimidade com seu marido. Por isso, sugiro que encontrem outro lugar para fazer sexo enquanto seu bebê estiver dormindo em seu quarto. Use isso como desculpa para explorar todos os lugares divertidos em sua casa. Ou transfira o berço para o corredor durante a relação para que vocês possam ter algum tempo a sós.

Cuidando de si mesma, cuidando do bebê

Agora que lhe dei todos os detalhes sobre como cuidar de si mesma após o nascimento do seu bebê, creio que preciso lhe dizer também como cuidar dele. E como agradecimento por ter comprado este livro, estou lhe oferecendo uma matrícula gratuita no meu curso *Recém-nascidos para iniciantes* (minha irmã o aplaudiu de pé). E o melhor de tudo é que o curso está incluído neste livro, de forma que você não precisa sair de casa para assisti-lo! Vamos começar.

Capítulo 3

Recém-nascidos para iniciantes

Como cuidar do seu bebê

PROGRAMA DO CURSO RECÉM-NASCIDOS PARA INICIANTES
PROFESSORA: ERIN MACPHERSON

Bem-vindas ao Recém-nascidos para iniciantes, o curso em que aprenderão tudo que precisam saber para criar um bebê saudável, feliz e limpo (na medida do possível). Graduação garantida — visto que, se não for capaz de dominar os fundamentos da troca de fraldas, você nunca será capaz de sair de casa. Chegou a hora de pôr mãos à obra. Sim, haverá uma prova final.

Objetivos do curso:

- Descobrir uma forma de trocar as fraldas do seu bebê sem que ele faça xixi em você, na mesa troca-fraldas e no antigo cobertor de patchwork que você comprou por 700 reais e pendurou na parede "como decoração".
- Criar uma agenda que permitirá vestir seu bebê com cada uma das 594 roupinhas que ele ganhou em seu chá de bebê — mesmo se for apenas para tirar uma foto.
- Determinar precisamente o momento perfeito para as primeiras fotos de banho do seu bebê, para que coincidam com o desaparecimento de suas espinhas.

Sumário do curso:

Parte 1: Sou de fato competente o bastante para fazer isso?
Parte 2: O elefante gigante, faminto e exausto no quarto
Parte 3: Fatos básicos sobre o recém-nascido
Parte 4: Aspectos desagradáveis do recém-nascido
Parte 5: Unhas (também chamadas de "navalhas de bebê")

Parte 1: Sou de fato competente o bastante para fazer isso?

Oi, meu nome é Erin. Eu serei sua professora neste curso. Ok, confesso que sou apenas uma *freelancer* (ainda), mas isso se deve apenas ao fato de que eu tecnicamente não trabalho para nenhuma universidade. Apesar disso, sou perita em como cuidar de bebês. Tenho três filhos. E todos os três foram, em algum momento, recém-nascidos. Para que até mesmo um leigo possa entender o que isso significa, eu troquei aproximadamente 16425 fraldas (sim, pesquisei esse número no Google), cuidei e supervisionei a cicatrização de três umbigos, cortei 794 unhas e consegui destruir 16 roupinhas brancas supercaras em virtude de meus conhecimentos rudimentares de como usar tira-manchas.

Mas não fui perita em recém-nascidos desde sempre. Quando o hospital decidiu me mandar de volta para casa — sendo meu marido o único assistente — com meu filho Joey, não tenho medo de admitir que eu não estava muito bem-preparada para assumir essa responsabilidade. E quando digo "não muito bem-preparada", quero dizer que eu era um caos aterrorizado que queria apenas acampar na ala de maternidade do hospital até convencer uma das enfermeiras a aceitar o emprego de enfermeira doméstica (sem salário). E já que nenhuma delas quis o emprego (sabe-se lá por que), tive que descobrir como cuidar do meu bebê por conta própria. E olhem para mim agora: sou uma professora de um curso avançado sobre como cuidar de recém-nascidos. Bem, mais ou menos isso.

Mas acreditem na palavra de uma garota que nunca tinha trocado uma única fralda em toda a sua vida antes de ter seu primeiro bebê: coisas como trocar fraldas ou cortar unhas não são tão difíceis quanto parecem. Isso pode chocá-la, mas as pessoas têm cuidado de recém-nascidos há milhares de anos. E tudo isso antes da invenção do Google para responder a todas as perguntas desesperadas que surgem no meio da noite sobre se o resto de um cordão umbilical com aparência frouxa deve preocupá-la (não deve), e mesmo assim os bebês sobreviveram e cresceram.

Portanto, antes de ligar para sua sogra e perguntar se ela quer morar com você durante as próximas 17 semanas até você aprender a lidar com seu bebê, deixe-me lhe garantir que você consegue fazer isso. Você será maravilhosa. E olhe para você, já tomou o primeiro passo para se tornar uma expert em cuidados de bebê ao se matricular neste curso. Então peque seu lápis e um caderno e se prepare para estudar muito, pois como já disse no início, haverá uma prova final.

Parte 2: O elefante gigante, faminto e exausto no quarto

Agora, antes de iniciar este capítulo, creio que preciso falar do elefante gigante no quarto — você sabe: aquele que está ali no canto do quarto, exigindo que seja alimentado a cada 12 minutos e que fica acordado a noite inteira gritando e chorando, até você se transformar num caos insano com os nervos à flor da pele, praticamente incapaz de funcionar o bastante para lembrar de fazer um curso como este sobre como cuidar de um recém-nascido.

Entendi. Garantir que seu bebê coma e durma é sua prioridade número um neste momento. E, se for sincera, você não poderá pensar claramente ao ponto de passar por qualquer tipo de exame final antes de dominar essas duas coisas. Por isso, dou-lhe a permissão oficial de marcar esta página e pular até a parte 3, onde você aprenderá tudo sobre padrões de sono de recém-nascidos, e a parte 4, onde você aprenderá tudo sobre a alimentação do seu bebê. Vá. Leia-os agora. E assim que dominar esses assuntos pelo menos ao ponto de recuperar parte de sua coerência, volte para este capítulo. Podemos esperar. Temos a noite inteira.

Parte 3: Fatos básicos sobre o recém-nascido

Você se lembra daquela aula, quando teve que levar para casa uma boneca e cuidar dela por três dias, mudando sua fralda toda vez que apitava e a alimentando toda vez que tocava um alarme diferente? Esqueça tudo que aprendeu naquele exercício. Pois enquanto você aprendia a detectar seletivamente os vários tipos de alarmes, não aprendeu nada sobre como cuidar de um recém-nascido. Pois recém-nascidos não são bonecas. São pessoas reais. Chocante, não é?

Outro fato curioso: seu bebê é diferente de qualquer outro bebê que Deus já criou. Ele é completamente singular. Completamente individual. Completamente seu. Acho isso maravilhoso — temos um Deus maravilhoso! —, mas creio que isso pode servir também como um encorajamento. Pois em vez de entrar em pânico e perguntar ao senhor Google às duas da manhã como acalmar um recém-nascido, você pode fazer uma oração rápida e confiar que o mesmo Deus que criou seu bebê é também o Deus que entende exatamente o que ele precisa neste momento.

Descanso para a mãe

Para quando você estiver tentando descobrir como tudo funciona

> Não fui eu que lhe ordenei? Seja forte e corajoso! Não se apavore, nem se desanime, pois o Senhor, o seu Deus, estará com você por onde você andar.
>
> Josué 1:9

Deus da esperança, nada tenho a temer no caminho desta vida, pois tu estás comigo. Tu estás comigo quando estou exausta. Tu estás comigo quando estou estressada. Tu estás comigo quando estou cheia de alegria. Tu estás comigo quando me sinto insegura e não sei o que fazer. E, Senhor, oro para que por meio de tua força eu possa ser forte e corajosa hoje e em cada um dos dias que ainda virão. Obrigada pelo consolo de saber que tu estás do meu lado, não importa o que acontecer. Amém.

1. **Segure seu bebê**. Muito. A ideia de que ficar com seu bebê nos braços o mimará é tão correta quanto a ideia de que a dieta de biscoitos a ajudará perder os últimos cinco quilos de seu peso de gravidez. Por isso, gaste muito tempo segurando seu bebê — não só quando ele estiver mamando ou tentando dormir, mas durante todo o dia, enquanto fizer suas tarefas normais.

2. **Conheça seu bebê**. Quando você se casou, deve ter passado bastante tempo tentando descobrir como deixar seu marido feliz — um beijo na nuca, biscoitos quentinhos que acabaram de sair do forno, aquela blusa com decote que você vestiu para recebê-lo quando voltasse do trabalho. Da mesma forma, tente descobrir como funciona o seu bebê — se é uma massagem na mão ou um acesso constante à fonte de leite. Assim, conseguirá antecipar suas necessidades e fazer aquela dança maluca que o faz sorrir *antes* de ele se irritar. (Pensando nisso, aquela dança maluca pode funcionar para deixar seu bebê *e* seu marido felizes.)

3. **Tenha um arsenal de calmantes de bebê anotados em seu braço**. O fato de seu bebê ser novo demais para comer pacotes inteiros de chocolate quando estiver ansioso e o fato de que um recém-nascido não conhece o truque de acalmar a si mesmo significam que ele pode precisar de alguma ajuda sua para se acalmar quando ficar nervoso. Assim que você descobre o que funciona com ele, pegue um marcador permanente e escreva em seu braço, para que sempre se lembre dessa técnica. Ou se quiser bancar a mãe superpreocupada, pendure uma lista na geladeira. Aqui estão algumas ideias:

- Toque alguma música.
- Saia ou mude de quarto para mudar o ambiente.
- Diga "ssshh, ssshh, ssshh" repetidas vezes, como sua mãe costumava fazer.
- Faça uma pequena massagem no pé ou na mão de seu bebê.
- Deixe-o sozinho por alguns minutos. Talvez ele precise apenas se afastar um pouco de todos os estímulos que o rodeiam. (Ou talvez precise ficar um pouquinho longe de você. Estou brincando.)
- Seque seu cabelo ou use o aspirador de pó para ver se o barulho o acalma.
- Amamente-o. Mesmo que tenha acabado de comer. Alguns bebês simplesmente gostam de usar o seio da mãe como chupeta — e em minha opinião totalmente não profissional (e um pouco *hippie*) não há nada de errado com isso.
- Balance-o. Ou na cadeira de balanço ou num balanço de bebê.
- Faça uma caminhada com ele.
- Balance-o nos braços. (Se suas coxas ficaram cansadas, lembre-se de que, sem dor, não há recompensa.)
- Balance para frente e para trás.
- Deixe que seu marido — ou o avô — tente acalmá-lo.
- Dê-lhe uma chupeta.

4. **Tire folgas**. Quando a mãe não estiver feliz, bem, até mesmo o membro da família mais novo começará a protestar contra tudo que estiver deixando você irritada (como demonstração de solidariedade, é claro), gritando, chorando ou resmungando. E visto que isso não costuma desaparecer após a fase de recém-nascido (nem após a fase de bebê ou após os quatro anos), você pode resolver esse problema desde o início dando a si mesma uma folga sempre que começar a sentir que não aguenta mais.

5. **Saiba que amor realmente (quase) basta**. Na verdade, bebês não são exigentes (você pode rir, mas daqui a dois anos concordará comigo). Eles precisam dormir. Precisam comer. E de vez em quando precisam de fraldas limpas e uma troca de roupas. Se você garantir essas três coisas, basta cobrir seu bebê superfofo com todo o amor que tiver e ele ficará bem.

Parte 4: Aspectos desagradáveis do recém-nascido

Você percebeu como todas aquelas coisas nojentas e repugnantes como fraldas sujas, vômito e saliva se transformam em meros incômodos quando é seu bebê que as produz? Antes, você dava um salto para trás, mas agora que seu bebê faz o mesmo, você diz: "Ah, veja. Ela acabou de vomitar um pouquinho." Mas todos os recém-nascidos — até mesmo o seu filhinho superfofo — apresentam alguns aspectos desagradáveis durante os primeiros meses de sua vida. O que você deve esperar:

1. **Vômito.** A maioria (se não todos) dos bebês vomita de vez em quando. Tem algo a ver com bolhas de gás em seu sistema digestivo ainda não amadurecido que, às

vezes, inverte o fluxo das coisas. (Gostou dessa definição técnica?) Basicamente, isso significa que, mesmo se seu bebê vomitar a cada 12 minutos, isso é perfeitamente normal. Evidentemente, se você estiver preocupada — ou se você perceber um vômito em jato (falarei mais sobre isso no capítulo 9)—, ligue para o seu médico.

2. **Acne neonatal.** Mais ou menos na segunda semana, a maioria dos bebês desenvolve um caso grave de acne (parecido com você, em sua adolescência, sendo picada por 49 mosquitos à beira de um lago). Isso é — você já deve ter adivinhado — absolutamente normal. Não faça nenhuma loucura como marcar uma consulta com o dermatologista, pois na maioria das vezes a acne simplesmente desaparecerá após uma ou duas semanas. E resista à vontade de apertar aquelas espinhas.

3. **Crosta láctea.** Se você perceber placas duras e amarelas na cabeça do seu bebê (como se alguém tivesse espalhado manteiga na cabeça dele e a deixado endurecer), trata-se provavelmente de crosta láctea. É completamente inofensivo e deve desaparecer antes de seu primeiro aniversário. Se realmente a incomodar, a sabedoria popular afirma que você pode usar azeite para soltar as placas.

4. **Saliva.** Seu bebê — por mais esperto que seja — ainda não domina a arte de manter a boca fechada para evitar que a saliva saia. Então, em vez de engolir toda aquela saliva, ele simplesmente a deixa escorrer — em sua blusa, seus lençóis, em tudo. A boa notícia é que a maioria das crianças aprende a dominar esta arte antes de seu primeiro aniversário — caso contrário, certamente aprenderão se você ameaçar mandá-los para a escola com um babadouro.

Parte 5: Unhas (também chamadas de "navalhas de bebê")

Tenho um trauma não resolvido que resultou de um incidente ocorrido em 2006. O dia começou como qualquer outro. Eu acordara às 4h42 da manhã aos gritos do meu filho Joey, que tinha três semanas de idade e achava que 4h42 era um horário perfeitamente aceitável para um lanche. Eu o amamentei e depois tomei duas xícaras e meia de café descafeinado sentada na bola gigante na sala tentando fazê-lo dormir novamente, para que eu pudesse pelo menos tirar uma soneca antes do dia começar.

E, no meio de toda essa normalidade, tive a ideia brilhante de que talvez devesse cortar as afiadíssimas unhas de Joey para que ele não se ferisse durante sua próxima soneca. Subi e fui pegar o cortador de unhas especial para bebês que, segundo minhas amigas, funcionava "perfeitamente" e "era tão fácil de usar que mesmo uma mãe semiacordada conseguiria usá-lo".

Talvez minhas mãos tenham tremido em virtude de tanto café descafeinado ou talvez tenha sido o fato de as unhas de Joey serem tão pequenas que não conseguia ver se ele tinha unhas de todo, muito menos onde as unhas terminavam e a pele começava — mas eu o cortei. E ele chorou. Por mais ou menos três minutos. E ainda hoje — quase seis anos depois — ele ainda entra em pânico quando tento cortar suas unhas. Ok, talvez seja o contrário. Talvez seja eu aquela que se recusa a se aproximar das mãos dos meus filhos com um cortador de unhas e os obriga a esperar até que o pai volte do trabalho quando racham uma unha.

Mas estou me desviando do tema. As unhas de recém-nascidos são minúsculas. Tão miúdas que mesmo com uma lupa e uma lâmpada você não consegue discernir exatamente onde a unha termina para cortá-la sem machucar o dedo do bebê de vez em quando. Por isso, eu digo: não corte as unhas do bebê.

Guarde o cortador de unhas para bebê até ele ter quatro meses de idade (ou, no meu caso, 14 meses) e use apenas uma lixa macia para alisar as bordas afiadas. Minha amiga Barb me contou que ela simplesmente roeu as unhas do seu bebê enquanto o amamentava. Uma mordidinha aqui, e outra ali, e quando o bebê terminou de mamar, suas unhas estavam curtinhas e lisinhas. Nunca tentei isso — por alguma razão, a ideia de roer as unhas de outra pessoa me enoja —, mas, se funcionar para você, por que não? É melhor do que ficar traumatizada com a visão de um dedo sangrento.

Seção especial: O cordão umbilical

Nesta seção do nosso curso, você pode ganhar créditos extras. É seu pequeno bônus especial por participar deste curso. Por quê? Porque você não precisa fazer nada. É isso aí. Tudo que precisa fazer é não mexer no cordão umbilical até que ele caia por conta própria, e ganhará 50 pontos extras e o amor e respeito eterno de seu pediatra.

"Espera aí", você deve estar pensando. "A melhor amiga da prima da minha tia-avó me contou que eu preciso esfregar o cordão umbilical com um álcool especial a cada quatro horas durante os primeiros 17 dias e meio de sua vida. Ah, e minha mãe me disse que devo usar vaselina para amaciá-lo, para que se solte com maior facilidade." Eu sei, eu sei. Fiz tudo isso com os cordões umbilicais dos meus primeiros dois filhos. Tratei-os com álcool durante semanas e semanas.

Mas então tive Will, meu caçula. E meu pediatra me disse que todo aquele álcool e vaselina eram desnecessários. Na verdade, o cordão umbilical cai mais facilmente se você simplesmente o deixar em paz. Não toque nele. Não puxe ele. Não esfregue nem limpe ele. Nem mesmo olhe para ele. Deixe-o em paz. Viu? Esta é a parte mais fácil do nosso curso.

Existe um porém: na verdade, o cordão umbilical não deveria nem ficar molhado, se possível. Por isso, você pode dar um banho de esponja em seu bebê a partir do primeiro dia, mas espere até que o cordão umbilical caia antes de usar aquelas banheiras que rendem tantas fotos maravilhosas.

O exame final

Você conseguiu! Aprendeu a dominar os fundamentos, leu as exigências, anotou tudo minuciosamente e, agora, vocês minhas estudantes, estão prontas para enfrentar o mundo como mães oficialmente graduadas da escola de cuidados neonatais.

É claro que ainda existe a questão do exame final antes de receberem seus diplomas. E no intento de garantir que vocês possuam todo o domínio dos assuntos tratados, decidi que o exame deve ser não apenas compreensivo, mas realizado num laboratório. É isso aí; você precisará aplicar suas habilidades recém-adquiridas. Por isso, peguem seus bebês e suas anotações e comecem. A partir de agora, vocês são oficialmente responsáveis por satisfazer todas as necessidades de seu bebê — por cada troca de fraldas, cada choro, cada tudo.

Espere — você já está fazendo tudo isso? Então, esqueça. Acho que agora me resta apenas lhe entregar seu diploma.

Capítulo 4

Como amar sua corujinha

Como fazer seu bebê dormir

Se seu bebê se parecer com minha filha, ele provavelmente entenderá que o cair da noite equivale a um convite para fazer festa. E evidentemente ele não vai querer fazer festa sozinho em seu berço. Quer companhia. E falando em companhia, ele não quer *qualquer* companhia — quer apenas *você* e seu bar cheinho de leite fresco. E já que ama seu bebê mais do que qualquer outra coisa no mundo (e visto que é quase impossível dormir quando ele estiver gritando em volume máximo), você de repente se tornou perfeitamente capaz de funcionar com apenas duas ou três horas de sono interrompido por noite.

A esta altura, acredito que você já não se importa mais com vômitos ou banhos ou nem mesmo com aquele manto para bebê lindo que sua cunhada comprou para o seu filho. Neste momento, você se importa com uma única coisa: sono. E não é nenhuma surpresa. Como é que qualquer adulto autossuficiente consegue funcionar sem dormir?

A notícia boa é que a fase de "não dormir nunca mais para sempre" é passageira. Eu sei, não é o que você quer ouvir, mas é verdade. Até mesmo os bebês com a maior dificuldade de dormir (minha filha, por exemplo) em algum momento começam a dormir. E, quando isso acontecer, você desenvolverá um caso grave de amnésia causada por falta de sono e jurará diante de outras mães desesperadas que, afinal de contas, não foi tão ruim assim e que você faria tudo de novo sem pensar duas vezes.

Mas até lá, acho que vale a pena me aventurar naquele antigo jogo de conselhos de sono. Afinal de contas, todo mundo, inclusive as mães deles, está dando conselhos desse tipo. Os "experts" do sono estão por toda parte. Amigos. Familiares. Vizinhos. As mulheres na fila do supermercado. Cada um é um baú de conselhos de sono — e *todos* sabem exatamente o que você precisa fazer para que seu bebê durma.

Recebe o conselho no supermercado: "Três meses, é? Ah, a essa altura, meu bebê já dormia a noite toda há semanas."

Na igreja, ouve: "Não ouse deixar o bebê chorar. Nem por um minuto! Isso também passará! Acho que dão valor demais a essa questão de sono."

Tenho uma confissão a fazer. Eu costumava ser essa mãe. Pensei que era muito boa em treinar um bebê na arte do sono, e já que eu era tão eficiente, imaginei que deveria compartilhar meus conhecimentos com todo mundo que me perguntasse. Ou não perguntasse, mas parecia precisar de um conselho. Veja bem, meu primogênito Joey adorava dormir a partir do primeiro dia. E visto que dormia tão fabulosamente bem, imaginei que minhas habilidades maternas tinham algo a ver com isso. Óbvio que ele não era um dorminhoco por natureza. Não. Eu era uma treinadora de sono genial. Era o que eu pensava.

Dois anos mais tarde eu tive minha filha. Evidentemente, visto que eu era uma treinadora de sono tão maravilhosa, acreditei que ela também dormiria maravilhosamente bem. E, é claro, eu estava errada. Minha filha não dormia. Ela se recusava absolutamente a dormir em seu berço. Ou à noite. Ou a ficar mais de duas horas sem mamar. E de repente eu me vi sendo a mãe na fila do supermercado com as olheiras escuras e aquele olhar desesperado pedindo ajuda.

De repente, eu me transformei em destinatária de muitos conselhos de sono. Mães de toda parte estavam me olhando com aquele olhar de pena e me dando conselhos para como treinar meus filhos. E, apesar de os conselhos dessas mães bem-intencionadas serem maravilhosos, na maioria das vezes, não funcionavam com minha filha totalmente resistente a qualquer treinamento.

Deus criou seu bebê como pessoa fabulosamente singular com uma personalidade (e hábitos de sono) que comprovam isso. A chave para você conseguir fechar os olhos é descobrir exatamente o que funciona com o seu bebê — e usar isso para sua vantagem. E é assim que você pode começar.

Bem, e agora, como faço esta criança dormir?

Sei que você está cansada. Exausta. E sei que seu maior desejo é que eu lhe dê um método absolutamente certeiro e comprovado com uma garantia de 100% de que seu bebê passará a noite inteira dormindo — de preferência, esta noite. Sinto muito por ter que ser a portadora de uma notícia ruim, mas isso não vai acontecer. Talvez em breve aconteça. Tudo que você precisa fazer é inventar seu próprio método personalizado de treinamento de sono.

Hum, bem. Você vai começar com isso agora mesmo, não vai? Assim que fizer sua corrida matinal (há!) e assim que limpar os banheiros em que você não tocou desde que engravidou. Não, falando sério. Não é tão difícil assim. Não estou pedindo que escreva um livro ou que resolva uma equação matemática (você já fez isso no ensino médio), mas apenas que reflita sobre seu bebê e sobre como ele funciona. A razão principal pela qual existem tantos livros sobre sono — todos os quais prometem a solução absolutamente perfeita para você e seu bebê — é que existem tantos bebês. Você já sabe que Deus criou cada criança como uma pessoa absolutamente singular com sua própria personalidade, mas o que pode ter esquecido (você está sem dormir há dias, ninguém a culpa por isso) é que essas soluções provadas e comprovadas que funcionam perfeitamente para alguns bebês podem não funcionar para o seu.

Com meu filho, apliquei com grande sucesso o "método do chuveiro do esquecimento". O que fazia era o seguinte: lia um livro para o meu filho. Eu o amamentava. Cantava "Jesus me ama". Massageava suas costas. Então, eu o colocava em seu berço, dava-lhe um último beijo e sumia dali antes que ele percebesse que eu não estava mais ali. Por fim, entrava no chuveiro, lavava todo o vômito do dia do meu pescoço e, quando eu voltava para ver se estava tudo bem com ele, ele já estava dormindo.

Com minha filha não foi tão fácil assim. O método do chuveiro do esquecimento fazia apenas com que eu tivesse que sair do chuveiro antes de enxaguar o cabelo porque conseguia ouvir os gritos da minha filha mesmo com a água correndo. Tentei de tudo. Tentei balançá-la. Tentei cantar para ela. Tentei ruído branco. Tentei os métodos de Ferber, Weissbluth e Pantley (se você não souber do que estou falando, logo descobrirá) e tudo isso sem êxito. Minha filha simplesmente não queria dormir.

No fim, fiz o que qualquer mãe desesperada e privada de sono faria: deixei-a dormir na cama comigo. E sempre que começava a chorar, eu simplesmente me virava, colocava meu seio na boca dela e continuava dormindo enquanto ela mamava. Confesso que usei o método de colocar o seio em sua boca e esperar que funcione durante tempo demais. Pode imaginar o que aconteceu quando decidimos pôr um fim à amamentação durante a noite inteira e a obrigamos a dormir em seu berço. (Advertência: dormir com seu bebê — especialmente na sua própria cama sem qualquer divisória — pode ser perigoso. Por isso, mesmo que tempos desesperados possam exigir métodos desesperados, sugiro que fale com seu pediatra antes de fazer isso.)

Finalmente, Kate aprendeu a dormir; hoje em dia, ela dorme maravilhosamente bem. Mas tivemos que inventar nosso próprio (e personalizado) método de treinamento de sono para ela. Nada daquilo que havia funcionado com outros bebês funcionou com a Kate. Por isso, tive que inventar meu próprio método. Sei que você está cansada e mal-humorada e não está muito a fim de inventar qualquer coisa, mas o esforço vale a pena. Você se tornará a maior estrela em seu lar após encontrar simultaneamente a solução para reestabelecer a paz em sua casa e recuperar a energia para preparar o jantar. Por isso, coloque sua massa cinzenta para trabalhar — e eu facilitarei isso bastante para você. Aqui estão os passos que você precisa tomar para inventar seu método personalizado de treinamento de sono.

Como inventar seu método personalizado de treinamento de sono

Passo 1: Observe seu bebê.

Isso é fácil. Você já está fazendo isso. Vinte e quatro horas por dia, não é? Mas agora precisa observar seu bebê com um propósito. Ele parece se acalmar quando você o enfaixa? Ou ele começa a fechar os olhos quando você canta ou massageia suas costas? Seu bebê parece se acalmar quando ouve o barulho do aspirador de pó? Passe alguns dias descobrindo como ele funciona — e o que o leva diretamente para a terra dos sonhos. Se você tiver alguma folha e uma caneta à mão, anote suas observações para que não as esqueça.

Passo 2: Faça um diário de sono.

Confesso que esta ideia não é minha. Preciso dar crédito a Kim West e a Marc Weissbluth e a qualquer outro perito em sono que já escreveu algum livro sobre sono ou que alegou saber do que estava falando quando se manifestou em relação a ele. Há uma coisa na qual praticamente todos os peritos concordam: se quiser fazer seu bebê dormir, precisa primeiro descobrir o ritmo de sono natural dele.

Alguns peritos sugerem que você compre algum diário sofisticado na livraria, mas isso a obrigaria (a) a deixar a casa e (b) a encontrar a estante com os diários antes que seu bebê comece a chorar. Por isso, sugiro que retire uma simples folha branca da impressora do seu computador. Nela, anote cada vez em que seu bebê adormece e cada vez em que acorda durante uma semana inteira. Cada cochilo. Cada sono prolongado. Cada manobra para enganá-la cochilando por cinco minutos na hora de dormir antes do próximo incidente de gritos.

Passo 3: Bole um plano.

Essa parte exigirá algum esforço mental da sua parte — o que significa que você deve preparar uma xícara extragrande de café para que consiga se concentrar. Com o café na mão, pegue seu diário de sono e veja se consegue reconhecer algum ritmo ou padrão. Seu bebê tende a cair no sono por volta das

9 horas da manhã, imediatamente após o café da manhã? Ele fica agitado toda noite por volta das 8 horas? Ele sempre cai no sono no carro quando você dá uma volta após o almoço? Estes são os ritmos de sono naturais do seu bebê — o que significa que são os horários em que seu filho cairá no sono naturalmente sem muito choro.

Após passar meses resmungando e lamentando o fato de que minha filha não dormia, finalmente decidi manter um diário de sono. Após alguns dias, reconheci alguns padrões muito evidentes. Ela sempre ficava com sono e começava a esfregar os olhos logo após eu dar o café da manhã para o meu filho (que era também o momento em que meu filho queria brincar comigo). Sempre parecia ficar sonolenta vinte minutos após o seu banho — e não importava se eu lhe dava o banho à meia-noite ou no meio da manhã.

Levando isso em consideração, bolei uma agenda de sono. Planejei sua soneca matinal para as 9 da manhã; seu cochilo à tarde, para as 14h e para a noite, criei uma rotina que envolvia um banho quente seguido por vinte minutos de canto, histórias e oração antes de colocá-la no berço. E sabe o que aconteceu? Funcionou. Não imediatamente, mas após algumas semanas dessa rotina, minha filha dormiu. Em seu berço.

Você pode fazer o mesmo. A chave para o sucesso é adaptar o plano ao seu bebê. Se ele cair no sono ao som do ventilador, coloque-o em velocidade máxima antes de deitá-lo. Se parece ficar sonolento toda vez que seu iPod tocar uma música do U2, toque U2 em seu quarto na hora de dormir.

Passo 4: Permaneça fiel ao plano.

Uma vez que bolou um plano, permaneça fiel a ele e dê-lhe algum tempo para funcionar. Você já deve ter ouvido de que são necessárias 4,234 repetições (ou algum número assim) para criar um hábito. Bem, seu bebê precisa adquirir o hábito de dormir. Portanto, se a rotina do banho ou do U2 não funcionar no início, não mate o doente com a cura, ou vice-versa. Você precisa dar umas duas ou três semanas a seu plano para que comece a funcionar — e seja paciente se sofrer algum contratempo.

Passo 5: Adapte seu plano.

Eu sei, acabei de falar para permanecer fiel ao plano, mas após mais ou menos três semanas, se o plano ainda não estiver contribuindo para melhorar a situação de sono em sua casa, você pode supor que ele está errado e recomece com o passo 1 (sim, o passo 1). Não posso garantir que meu pequeno método funcione com cada bebê (afinal de contas, cada bebê é diferente), mas vale a pena tentar, não é? O que você tem a perder?

Oito maneiras de acalmar seu bebê na hora de dormir

Às três da manhã, após ter andado pra lá e pra cá com seu bebê aos gritos em seus braços durante quatro horas, você está disposta a fazer qualquer coisa para que seu bebê durma — mesmo se tiver que ficar ao lado do berço com o dedo enfiado na boca do seu filho por duas horas. Aqui estão algumas coisas que você pode tentar em momentos de desespero — no mínimo, elas a distrairão durante esses ataques noturnos.

1. **Provoque um ruído branco**. Pode ser o aspirador de pó, um CD com barulho do mar ou o barulho de um ventilador — ruído repetitivo e abafado tem um efeito confortante sobre o bebê, pois ele ouviu muitos ruídos

semelhantes em seu útero. (E você realmente achou que ele estava prestando atenção naquele CD de educação pré-natal que você comprou?)

2. **Ajuste a luz**. Alguns bebês precisam estar num quarto absolutamente escuro para dormir, outros gostam da luz do sol. Após gastar setenta dólares em cortinas grossas para o quarto do meu filho, descobri que ele dormia melhor quando deixava entrar alguma luz.

3. **Toque alguma música (calma)**. Muitos bebês adoram música. Quando meu filho ainda era bebê, eu me encontrava numa fase em que gostava de Norah Jones. Eu tocava seu último CD, e meu filho caía no sono. Quando meu marido voltou para casa, me fez desligar a música imediatamente. Aparentemente, para ele, a música de Norah Jones é "música de sexo". Quem teria imaginado?

4. **Tente quicar**. Compre uma dessas bolas de exercício e tente sentar nela enquanto quica seu bebê. E sim, quicar na bola tentando fazer seu bebê dormir conta como exercício.

5. **Tire algumas peças de roupa**. Uma das coisas de mãe é enfiar seu bebezinho no pijama mais quente do mundo na hora de dormir, porém por mais ilógico que possa parecer, bebês tendem a dormir melhor em roupas leves.

6. **Saia do quarto**. Eu sei, você não quer deixar o coitadinho sozinho, mas às vezes estar perto de você — bem, de você e da fonte de leite — pode ter um efeito estimulante sobre ele e mantê-lo acordado.

7. **Dê-lhe um pequeno lanche antes de dormir**. Ok, alguns peritos de sono dizem que não é uma boa ideia

amamentar seu bebê para fazê-lo dormir, mas eu não tenho nada contra um pequeno suborno de vez em quando para adormecê-lo à noite. Ou durante o dia. Ei, se isso fizê-lo dormir, funciona.

8. **Mude o ambiente em que seu bebê dorme**. Durante os primeiros meses de sua vida, meu sobrinho Jude simplesmente odiava seu berço. Mas amava seu assento de carro. No momento em que minha irmã apertava os cintos do assento, ele começava a dormir. Então, o que a Stevi fez? Ela colocou o assento dentro do berço a noite toda e o deixou dormir ali. Brilhante.

Descanso para a mãe

Para quando você estiver totalmente exausta

Seja o teu amor o meu consolo,
conforme a tua promessa ao teu servo.

Salmos 119:76

Deus eterno, teu amor nunca falha. Mesmo quando estou exausta e incapaz de pensar direito, tu me confortas com um amor que transcende qualquer compreensão humana. Deus, preenche-me hoje com este amor para que, independentemente das minhas emoções, dos meus hormônios e da minha falta de sono, eu possa estar completamente ciente do conforto que vem do conhecimento de que meu Deus todo-poderoso me ama. Amém.

Uma breve lista de livros sobre sono

Sinceramente, essa ideia de ler um livro para aprender a fazer seu bebê dormir (e você mesma conseguir dormir um pouco) é, inerentemente, ilógica. Pois a verdade é que se você se encontrar numa situação em que (a) seu bebê está dormindo e (b) você já cuidou de todos os assuntos urgentes da vida como ir ao banheiro ou tomar um banho, deveria usar seu tempo para dormir e não ler um livro sobre sono.

Mas estou fugindo do assunto. Eu li a maioria (se não todos) dos livros sobre sono que uma mãe pode ler e, a despeito de dever ter dormido em vez de ler, realmente me diverti com eles. Achei as dicas úteis, os conselhos saudáveis e realmente usei muitas das estratégias e ideias na hora de bolar os planos de dormir para os meus filhos. Mas visto que já fiz todo o trabalho duro, facilitarei as coisas para você. Segue então uma lista dos livros de treinamento de sono mais populares, em tradução livre, por não terem tradução em lingua portuguesa, com uma sucinta resenha de cada um.

1. *Healthy Sleep Habits*, Happy Child [Hábitos de sono saudáveis, criança feliz], do dr. Marc Weissbluth

A essência: Segundo o dr. Weissbluth, que analisa tudo desde as diferenças entre sonecas diurnas até o sono noturno e as diferenças entre um bebê sonolento e uma criança ativa de um a dois anos, o mesmo tamanho não serve para todos. Partindo daí, ele faz várias sugestões para fortalecer o ritmo de sono natural do seu bebê para que ele durma conforme seu relógio interior.

Os prós: Em vez de partir da pressuposição que vivemos num mundo de bebês padronizados, Weissbluth sabe que seu bebê é fabulosamente único. Isso significa que se você tiver um bebê que adormece sempre que muda para o canal da *Food Network*, ele terá uma solução para isso.

Os contras: O livro foca em muitas idades e fases, de forma que se você se interessar apenas pelo sono do recém-nascido, terá que pular algumas páginas.

2. *The Happiest Baby on the Block* [O bebê mais feliz do pedaço], do dr. Harvey Karp

A essência: O dr. Karp acredita que os primeiros três meses após o nascimento deveriam ser imaginados como o quarto trimestre (o que explicaria por que você ainda não consegue usar roupas normais e continua dependendo das roupas gestacionais). Ele acredita que, para um recém-nascido, o mundo externo pode ter um efeito desorientador — daí os gritos e choros incessantes. Ele sugere várias técnicas para acalmá-lo (como enfaixá-lo, cantar para ele) que imitam o útero e ajudam a acalmá-lo e fazê-lo se sentir confortável.

Os prós: O plano do dr. Karp tem um grande efeito calmante e tende a funcionar muito bem com recém-nascidos, que ainda estão se adaptando ao mundo.

Os contras: Minha amiga Amanda, que jurou que o plano do dr. Karp era o melhor quando seu bebê era um recém-nascido, disse que, quando seu bebê completou quatro meses de vida, essas técnicas não funcionaram mais e ela teve que bolar outro plano para fazer seu filho dormir.

3. *The No-Cry Sleep Solution* [Solução sem choro na hora de dormir], de Elizabeth Pantley

A essência: Elizabeth Pantley incentiva você a criar um plano de dormir personalizado passo a passo para o seu bebê. Espere. Onde você já ouviu isso antes? Pois é, roubei essa ideia de Pantley porque ela faz sentido e funciona. Além disso, Pantley lhe apresenta várias técnicas para descobrir os ritmos biológicos naturais do seu bebê, para que você consiga dormir um pouco sem ter que ouvi-lo chorar minutos (ou horas) a fio.

Os prós: São óbvios. Se você conseguir fazer seu bebê dormir sem choro, todos ficam felizes.

Os contras: Muitos bebês simplesmente precisam chorar para cair no sono. É simples assim. Meu filho era um desses bebês. Ele sempre chorava por dois minutos antes de cair no sono, não importava o que eu fizesse. Odiava isso. Podia ter o plano de sono mais elaborado do mundo e colocá-lo em seu berço já meio adormecido, que ele ainda se excitava o bastante para chorar por alguns minutos para então cair no sono. Em vista disso, não espere que a solução sem choro seja a solução certa para cada bebê.

4. *On Becoming Baby Wise* [Tornando seu bebê sábio], de Gary Ezzo e Robert Bucknam

A essência: Ezzo e Bucknam focam num lar centrado nos pais — o que significa que você decide quando seu bebê deve dormir e comer e todo o resto em vez de permitir que um tirano de dois meses de idade controle cada um dos seus movimentos. *Baby Wise* recomenda que você estabeleça um horário um tanto rígido de sono e alimentação que o ajudará a se adaptar às rotinas *dos pais* em vez de fazer com que o mundo se adapte aos seus desejos.

Os prós: Sua agenda diária não fica sujeita a uma soneca inesperada ou a uma fome repentina. Você pode planejar seu tempo, seus dias e (o melhor de tudo) suas noites. Esse programa obteve um sucesso inacreditável em fazer com que os bebês durmam a noite toda de forma consistente desde cedo.

Os contras: Surgiram alguns (raríssimos) relatos de desnutrição infantil em lares onde os pais aplicaram esse programa. A razão disso é que os bebês são alimentados conforme um plano e não quando estão com fome. E alguns bebês — sobretudo os recém-nascidos — precisam comer mais vezes. Além disso, já que você está impondo a seu bebê uma rotina de sono, ele protestará no início, ou seja, você terá que aguentar o tranco e ouvir seu bebê chorar em seu berço durante algum tempo até que ele se adapte à rotina.

5. *Secrets of the Baby Whisperer* [Segredos da encantadora de bebês], de Tracey Hogg e Melinda Blau

A essência: Eu sou uma garota que gosta do meio-termo. Jamais esperaria vinte minutos para alimentar meu bebê se ele estiver gritando histericamente por estar com fome, mas eu também gosto de rotinas e de uma agenda bem-organizada. A abordagem do *Baby Whisperer* funciona bem para a mãe que gosta de meios-termos. Basicamente, quando você estabelece uma agenda para seu bebê, está seguindo o que Tracey Hogg chama de método "E.A.S.Y.": Primeiro, seu bebê come (*eat* [comer] = E); depois, você faz uma atividade (como fazer caretas ou brincar de "cadê a mamãe?"; *activity* [atividade] = A); depois disso, você o deita para dormir (*sleep* [dormir] = S); no final, corre para a cozinha, toma um café e fica se gabando, celebrando seu sucesso (o Y representa *your time* = tempo para você). Isso permite que seu bebê adote uma rotina fácil e funcional e evita que você tenha que amamentá-lo até que ele caia no sono.

Os prós: *Baby Whisperer* fornece um meio-termo para mães que não querem um horário rígido, mas que também querem um pouco de rotina em suas vidas.

Os contras: Evitar que seu bebê adormeça durante uma amamentação no meio da noite ou antes da soneca é praticamente impossível. Tente para ver.

6. *Solve Your Child's Sleep Problems* [Resolva o problema de sono do seu filho], de Richard Ferber

A essência: O dr. Ferber é o guru mundial em assuntos de treinamento de sono. O fato é que, se você entrar numa sala com cinquenta mães experientes e disser: "Ah, estou usando o método de Ferber no meu bebê atualmente", cada uma lhe daria um sorriso misericordioso e diria: "Aguenta firme, a coisa vai melhorar." Sim. Ferber é sinônimo de treinamento de sono. A razão disso é: ele é o diretor do *Center for Pediatric Sleep Disorder*, em Boston, e passou anos e anos estudando o sono. Com todo esse conhecimento, ele desenvolveu um sistema que envolve deixar seu bebê chorar por períodos curtos (mas cada vez mais longos) para ensiná-lo a adormecer sozinho.

Os prós: Assim como *On Becoming Baby Wise*, o método de Ferber funciona. Quase todas as minhas amigas que tentaram esse método dizem que ele funcionou pelo menos em parte. E o melhor: na maioria das vezes, produziu resultados rapidamente.

Os contras: O método envolve algum choro. Ele não diz: "Jogue seu bebê no berço e deixe-o chorar a noite inteira, se for necessário", mas ele pede sim que você deixe seu bebê chorando em seu berço por períodos cada vez mais longos. E não que eu esteja falando por experiência própria, mas se tirá-lo do berço num momento de fraqueza, isso meio que anula o processo e o leva a crer que basta gritar o bastante para que, finalmente, você venha. Só estou dizendo.

Equipamento de sono

Você se lembra de quando estava grávida? Como poderia esquecer, certo? Você se lembra de como toda vez que entrava numa loja de bebês, os vendedores pulavam em cima de você certos de que o mero fato de estar grávida significava que precisava de pelo menos uma unidade de cada artigo na loja?

Bem, agora que é mãe, você não se tornou imune. Agora, os vendedores detectam imediatamente as olheiras escuras e instantaneamente determinam que você está (a) sem dormir há muito tempo e (b) tão desesperada que você tentará (ou comprará) qualquer coisa que lhe dê alguns minutos de sono. Mas o que é que você realmente precisa? Aquela loção de lavanda realmente vale o preço? E se comprar o CD com canções de ninar, seu bebê realmente dormirá hoje à noite?

Segue então minha avaliação de todo o equipamento de sono que existe — e, sim, experimentei todos eles. Não é minha culpa! Minha filha não dormia, e esses vendedores sabem vender muito bem.

Equipamento de sono que você precisa (ou não)

1. **Banho e loção de aromaterapia para bebês**. Muito provavelmente, você já é uma expert em aromaterapia, mas caso seja, deixe-me atualizá-la. Certos aromas — como lavanda e baunilha — tendem a induzir o sono. Por isso, lavar seu bebê com um sabão com cheiro delicioso que o ajude a relaxar não pode fazer mal. Para ser sincera, tentei isso com minha filha e pareceu não fazer nenhuma diferença, mas ela ficou muito cheirosa, e o sabão não custa mais do que o sabão normal, portanto, achei um bom investimento.

2. **Reclinador infantil**. Trata-se de uma espuma estilosa, supermacia e reclinada que abraça e envolve seu bebê. Nunca usei um porque ainda não havia sido inventado quando minha filha era um bebê, mas minha amiga Sara pegou um emprestado com uma amiga e diz que salvou sua vida. Sua filha adormeceu instantaneamente nele. Único "porém": custa R$ 300,00 e seu bebê dormirá nele apenas durante, no máximo, três meses. Mas se você acha que três meses de sono valem esse investimento, vá em frente!

3. **Saco de dormir**. As regras para a síndrome de morte súbita infantil — que você deveria seguir ao pé da letra — dizem que você não deve colocar nada no berço além de um lençol leve e seu bebê. Fácil — mas quando Joey ficava com frio, ele acordava. E quando ele acordava, lá se iam duas horas cantando e balançando o bebê até ele voltar a dormir. Por isso, comprei um saco de dormir para ele. Um saco de dormir é, na verdade, um lençol que seu bebê pode vestir para se manter quentinho. É maravilhoso — e se você viver numa região fria ou se seu marido gosta de ligar o ar-condicionador em potência máxima, é uma coisa muito prática.

4. **Posicionador de sono**. Talvez você ainda encontre um desses nas lojas — a maioria foi tirada de circulação — mas caso acabe encontrando um, quero adverti-la de que, apesar de parecer uma boa ideia na teoria, ele pode ser perigoso para seu bebê. O que o posicionador de sono faz é manter seu bebê na mesma posição de forma que ele não consiga se mexer e sair daquela posição. O problema? Alguns bebês conseguiam se mexer o suficiente para virar e ficar de rosto para baixo — expondo-se assim a um grande risco de morte súbita. Ou seja, não se deixe convencer a usá-lo.

5. **Gerador de ruído**. A filha da minha amiga Stacy só conseguia dormir com o barulho do aspirador de pó ligado. Após aspirar sua casa todos os dias durante duas semanas, minha amiga teve a ideia brilhante de gravar o barulho do aspirador num CD e deixou tocá-lo no quarto do bebê. Funcionou como mágica. Se o seu bebê se acalma com o barulho de um ventilador ou do aspirador de pó, encontre um jeito de reproduzir esse ruído.

6. **CD com canções de ninar**. Meu filho amava ouvir música calma na hora de dormir. No início, gastei muito

dinheiro em CDs especiais para bebês, mas então fiquei mais esperta e percebi que meu filho não se importava com o tipo de música, bastava que fosse calma e de ritmo lento. Daí em diante, toquei clássicos do jazz, como Nat King Cole e Frank Sinatra — músicas que ele ama ainda hoje.

7. **Faixa**. Fato: você jamais conseguirá enfaixar seu bebê tão bem quanto as enfermeiras no hospital. Elas têm muito mais prática do que você. Mas você pode comprar uma faixa com velcro. Minha irmã e seu marido chamavam a faixa com velcro de "camisa de força para bebês". Tente — até mesmo um pai de primeira viagem consegue enfaixar um bebê chorão em cinco minutos ou menos.

Como sobreviver com três horas (ou menos) de sono

1. **Durma quando seu bebê dormir**. Eu sei, você ouviu isso um milhão de vezes, mas isso tem que ser sua prioridade. Isso significa que, quando seu bebê tirar uma soneca às 8 e meia da manhã, você deve fazer o mesmo. E se ele já estiver dormindo às 6 e meia da noite, você precisa gravar o episódio mais recente de *Survivor* e assisti-lo às duas da madrugada, quando seu bebê estiver a mil por hora.

2. **Peça ajuda**. Peça que sua mãe faça um passeio com seu filho enquanto você dorme um pouco, ou faça seu marido se levantar para que você consiga dormir um pouco. Aproveite cada oportunidade que aparecer na sua frente para dormir um pouco.

3. **Diminua seu consumo de café**. Eu sei que parece pouco lógico dizer que você não deve tomar café quando

está sem dormir, mas entupir seu sistema com cafeína dificultará a cair no sono quando surgir uma oportunidade. Sugiro que tome uma ou duas xícaras de manhã quando seu filho acaba de acordar e você sabe que ele ficará acordado durante algumas horas. Depois disso, tome apenas café descafeinado ou tome chá de ervas.

4. **Diminua seu tempo na frente do computador**. Nada contra enviar (outro) e-mail com (mais) fotos de seu bebê para todas as suas amigas, mas tente não ficar horas e horas na frente do computador ou da TV. Um excesso de luz artificial pode impedi-la de cair no sono quando precisa dormir e deixar sua visão embaçada (como se já não estivesse embaçada o bastante).

5. **Saia de casa**. Coloque seu bebê no carrinho e faça uma longa caminhada ao ar livre. Mas não exagere. A última coisa que você precisa agora é ficar exausta, suada *e* dolorida ao mesmo tempo.

6. **Faça lanches saudáveis**. Em vez de comer uma barra de chocolate que coloque seu açúcar lá no alto (para então despencar), coma um lanche saudável com proteínas, como uma torrada com creme de amendoim ou uma fatia de queijo. Não, não lhe dará o mesmo prazer como a barra de chocolate, mas você se sentirá desperta e alerta por mais tempo.

Isso também passará

Lembra-se que contei que minha filha Kate não dormia quando era bebê? É verdade. Mas adivinhe só: ela dorme perfeitamente bem agora. Na verdade, ela está em seu quarto neste momento — dormindo. E não tive que fazer nenhuma maluquice para fazê-la dormir. Simplesmente a coloquei na cama e lhe dei um beijo na testa. Não estou dizendo isso para deixá-la com inveja (mas tenho certeza que você sentiu uma pontinha de inveja, não sentiu?), mas apenas para lhe dizer que as noites sem sono não durarão para sempre. Todos os bebês — até mesmo os piores entre eles — finalmente dormem.

Por isso, mesmo que seu bebê seja uma coruja noturna que a mantém acordada até às duas da manhã e a acorda novamente às 4 e meia, isso passará. Se ele chorar a noite inteira e dormir durante o dia, isso passará. E se ele não dormir sem o barulho do ventilador e sem sentir o seu corpo encostado nele, isso (muito provavelmente) também passará. Você sobreviverá.

Capítulo 5

Peito pra fora!

Como amamentar (e curtir)

Aquelas de vocês que leram meu livro sobre a gravidez sabem que sou uma grande defensora da amamentação. Mas me permita compartilhar um pequeno segredo com vocês: nem sempre fui a "lactivista" convicta que sou agora. Na verdade, antes de ter meu primeiro filho, nem tinha certeza se amamentaria. Mas então tentei e gostei. Meus mamilos doeram por alguns dias apenas. Meu bebê pegou no seio muito bem. Eu não tive problemas de produzir leite em quantidade suficiente. E visto que tudo foi muito fácil para mim e deixava meu bebê todo doce e aconchegado e sonolento, eu entrei na onda de todo coração. E então me transformei em defensora e ativista.

Eu sei que sou uma exceção rara. Muitas mães enfrentam grandes problemas quando tentam amamentar. E sei que todas amam seus bebês profundamente, e desesperadamente desejam o melhor para eles, e muitas vezes isso significa alimentá-los com leite em pó ou optar por uma combinação entre seio e mamadeira. E não há nada de errado com isso. Na verdade, é perfeitamente aceitável. Significa que está pensando claramente sobre o que é o melhor para você e seu bebê em vez de fazer o que as enfermeiras e conselheiras de amamentação e pessoas como eu lhe dizem.

Apesar de eu iniciar agora o meu sermão em defesa da amamentação, quero deixar claro desde o início que não tenho nenhuma intenção de forçá-la a amamentar e recitar fatos completamente falsos sobre como cada bebê que é amamentado automaticamente ganha pontos extras no vestibular. Pois a verdade é que, a não ser que você adote a dieta do suco de laranja e da rosquinha para seu filho de dois meses (neste caso, eu realmente a julgarei), seu bebê ficará bem. Na verdade, ficará muito bem, pois tem você como mãe.

Razões para amamentar

Como já disse acima, eu nem sempre fui uma lactivista. Na verdade, quando estava grávida do meu primeiro filho, me sentia bastante insegura em relação a isso. Mas na medida em que fui lendo e estudando tudo sobre a amamentação (é aqui que se revela meu lactivismo), percebi que os muitos benefícios da amamentação pesam mais do que a dor e os inconvenientes. É a minha opinião. Sou uma amamentadora convicta. Pelas seguintes razões:

1. **O leite materno é facilmente digerido pelo bebê.** Bebês miúdos têm sistemas digestivos imaturos (é por isso que a dieta baseada em suco de laranja e rosqui-

nhas mencionada acima não é uma boa ideia) — o leite materno permite que o sistema digestivo do bebê treine a digestão com um alimento mais simples e de fácil digestão antes de se dedicarem ao processamento de alimentos mais complexos, como purê de ervilhas e peras amassadas. O leite materno também muda na medida em que seu bebê desenvolve e satisfaz suas necessidades em cada fase. Deus pensou em tudo.

2. **O leite materno ajuda a preservar a saúde do seu bebê**. Tenho certeza de que um médico poderia lhe dar uma explicação muito mais detalhada, mas só para o caso de você não ter nenhum imunologista entre seus amigos no *Facebook*, simplesmente repassarei o que meu pediatra me disse: os seus anticorpos, que se desenvolveram à medida que você foi exposta a doenças e as combateu ao longo dos anos, estão presentes no leite materno e ajudam a proteger seu bebê dessas mesmas doenças. E como uma mãe que passou uma semana na emergência neonatal com um bebê doente, eu posso lhe dizer que é uma boa ideia fazer qualquer coisa que proteja seu bebê.

3. **O leite materno diminui o risco de uma reação alérgica do seu bebê**. Num mundo em que as crianças estão desenvolvendo alergias num ritmo alarmante, quero fazer tudo que estiver em meu poder para proteger meus filhos de futuramente desenvolverem alergias. É muito raro que um recém-nascido seja alérgico ao leite materno, e estudos demonstram que a amamentação ajuda a reduzir o risco de uma alergia também mais tarde.

4. **Amamentar é conveniente**. Ok, qualquer mãe que esteja nas duas ou três primeiras semanas de amamentação lhe dirá que amamentar é tudo menos conveniente. Mas, uma vez que pegar o jeito, torna-se muito simples. Seu

leite está sempre disponível — portanto, você não precisa se preocupar com a preparação de uma mamadeira à meia-noite, sempre levar bastante leite em pó onde for ou correr para uma farmácia às 3 da madrugada quando descobre que acabou de usar a última colher de leite.

5. **Amamentar é barato**. Algumas pessoas dirão que o leite materno não é inteiramente grátis porque a mãe precisa ingerir mais calorias para produzir o leite, mas mesmo correndo o risco de comparar alhos com bugalhos, o custo do leite em pó é muito, muito mais alto. (Eu acabei de pesquisar na internet, e uma lata de leite em pó que permite preparar 61 mamadeiras custa R$ 85,00. Com tanto dinheiro assim você pode comprar muitos hambúrgueres na sua lanchonete preferida. E eu apoio tudo que me dê a licença de comer um pouquinho mais.)

6. **Amamentar ajuda a se livrar do peso da gravidez**. Eu serei a primeira a lhe dizer que, independentemente de qualquer coisa que sua prima de 22 anos, que nunca pesou mais do que 55 quilos, diga, amamentar não faz seu peso adquirido durante a gravidez desaparecer de um dia para o outro. Acredite em mim. Amamentei três bebês, e com cada bebê ficou mais difícil perder esse peso. Mas amamentar gasta calorias, sim — até quinhentas calorias extras por dia — e queimar diariamente quinhentas calorias extras sentada numa poltrona, segurando seu bebê não é uma coisa nem um pouco ruim.

7. **Amamentar protege a sua saúde**. Eu não tenho muitas informações sobre isso, portanto, você terá que perguntar ao senhor Google se quiser saber mais. No entanto, estudos recentes têm demonstrado que mães que amamentam têm ossos mais resistentes — o que ajuda a evitar a osteoporose — e apresentam um risco menor de desenvolver câncer de mama, de útero e de ovário.

Razões para não amamentar

Evidentemente, o reverso de todo esse debate em prol da amamentação é que existem muitas mães que simplesmente não podem amamentar por um motivo ou outro. E em vez de apoiarmos essas mães em suas decisões, muitas pessoas as julgam, atacam e lhes dão sermões. E apesar de existirem muitos estudos afirmando que amamentar é a melhor opção, a postura de que uma pessoa saiba o que é o melhor para você e a sua família só joga mãe contra mãe. E quando você é uma mãe de primeira viagem, precisa de todas as mães amigas que consiga encontrar.

Além disso, se você reunisse um grupo de dez crianças com um ano e pedisse que fizessem uma série de exercícios de agilidade física e mental (por exemplo, fazê-los rastejar sobre almofadas de espuma e jogar bolas de plástico), duvido que conseguiria dizer qual delas foi amamentada e qual recebeu leite em pó. Pois a verdade é que o tipo de leite que seu bebê recebe não é um fator tão grande para a saúde e o crescimento de longo prazo de seu bebê. Simplesmente não é.

Minha amiga Nicole tentou amamentar seu filho durante seis semanas — aturando a terrível dor de fissuras mamares, produção baixa de leite e uma situação impossível, em que uma combinação de anciloglossia e mamilos invertidos dificultou em muito que o bebê conseguisse pegar no seio corretamente. Simplesmente não funcionou. Mas as pessoas continuaram dizendo coisas como "Continue tentando, vai melhorar", ou "Você precisa mudar de conselheira de amamentação e descobrirá como fazer". E esses comentários, em combinação com seu desejo desesperado de fazer o que era o melhor para seu bebê, fez com que ela tentasse amamentar por um tempo longo demais, prejudicando a ela mesma e ao bebê. Por fim, na consulta de um mês, seu filho recebeu o diagnóstico de falta de crescimento — ela não estava produzindo leite suficiente e ele não estava recebendo a quantidade necessária de alimento — e assim que ela passou a dar leite em pó, ele imediatamente começou a ganhar peso e se desenvolver normalmente.

Seja como for, seguem algumas razões que podem significar que uma mudança para o leite em pó possa ser o melhor para você e seu bebê:

1. **Simplesmente não está funcionando**. Existem algumas mães que simplesmente não conseguem amamentar. Existem também alguns bebês que simplesmente não conseguem mamar. Seus mamilos podem ser invertidos. Seu bebê pode ter anciloglossia. Você pode não produzir leite o suficiente. Seu bebê pode ter um reflexo de sucção imaturo. Qualquer que seja o problema, se não funcionar, pare. Seu bebê ficará muito melhor se alimentando pela mamadeira do que lutando para conseguir tirar leite do seu peito.

2. **Você adotou seu bebê**. No ano passado, minha amiga Janelle adotou uma pequena garota, e enfermeiras, conselheiras de amamentação e amigas todas lhe disseram que ela deveria tentar amamentá-la. Ela tentou induzir a lactação por meio de remédios (não funcionou) e depois tentou comprar leite materno de um banco de leite. Mas quando percebeu que o leite estava custando mais do que a prestação da sua casa, ela passou a usar o leite em pó. E, meu Deus, você deveria ver sua preciosa garotinha! Ela é perfeita e linda e está se desenvolvendo maravilhosamente!

3. **A amamentação está deixando você e seu bebê estressados**. Minha amiga Megan ficou tão estressada com a amamentação de sua filha que, toda vez que ela se preparava para amamentar, seus ombros ficavam ten-

sos, de forma que seu bebê sentia sua agitação e começava a chorar. Isso gerou mais frustração, mais choro e sessões de amamentação fracassadas. Se amamentar está ficando estressante demais, pare. Ou tire uma folga e dê leite em pó ao bebê. Uma alimentação pacífica e reconfortante com leite em pó é muito melhor do que uma amamentação agitada e banhada em lágrimas.

4. **Já não funcionou da última vez**. Conheço várias mães que tiveram experiências de amamentação muito estressantes com seus primeiros bebês e que começaram a ficar muito estressadas quando chegou a hora de amamentar o segundo. Se você odiou amamentar seu primeiro filho, então eu lhe dou a permissão oficial de pular todo o estresse e alimentar o seu segundo com leite em pó a partir do primeiro dia. Quando você está prestes a dar à luz, a amamentação não deve ser sua principal preocupação. (Dito isso, devo dizer também que minha amiga Sarah teve uma experiência terrível amamentando seu primeiro bebê e ficou chocada quando seu segundo filho conseguiu pegar o seio corretamente na primeira tentativa, não causando assim qualquer problema. Portanto, problemas com um bebê não significam necessariamente problemas com todos os bebês.)

5. **Você está tomando um remédio com contraindicação para mães que amamentam**. Quase tudo que você ingere — alimentos, bebidas, remédios — passa para o leite materno. A maioria dessas coisas é completamente inofensiva para seu bebê, mas há alguns remédios que o prejudicam se ele os ingerir por meio do leite materno. Se você tomar remédios regularmente — antidepressivos, anti-inflamatórios, cardíacos —, ligue para seu médico e pergunte se pode usá-los enquanto amamenta seu bebê.

6. **Existe uma razão médica**. Ocasionalmente, surgem situações em que o leite em pó é a melhor opção médica para um bebê. A razão mais comum é um desenvolvimento inferior ao esperado — quando o bebê não recebe leite o suficiente para crescer tanto quanto devia. Alguns bebês podem ter uma reação ao leite materno — muitas vezes em virtude de algo que a mãe bebe ou ingere que impede a amamentação. Isso significa que é melhor alimentá-lo com leite em pó.

Amamentação: as duas primeiras semanas

Quando estava grávida do Joey, minha amiga Stacy me disse que precisava "conversar" comigo. Ela então me contou que já havia passado por tudo e compartilhou comigo todos os truques de uma amamentadora bem-sucedida. Fiz anotações. E consultei aquelas anotações pelo menos 28 vezes durante as duas primeiras semanas de vida do meu bebê. As observações de Stacy me salvaram quando me senti desencorajada e ao ponto de desistir porque os bicos dos meus seios estavam rachados e sangrando e meu filho parecia ter lâminas de barbear em sua boca quando chupava. E elas me encorajaram quando eu achava que não conseguiria me levantar mais uma vez às 2 da madrugada para amamentá-lo.

Quero ser sua Stacy. Quero conversar com você durante aquelas duas primeiras semanas difíceis de amamentação. Porque amamentar é difícil. O que aparenta ser apenas uma simples manobra de "apontar e atirar" é, na verdade, bem-complicado e pode causar muita dor, frustração e lágrimas (tanto em você quanto em seu bebê). Pois bem, aqui estão minhas dicas e truques para sobreviver às duas primeiras semanas de amamentação.

1. **Sua meta: 14 dias**. Repita comigo: quatorze dias. Quatorze. Dez mais quatro. Não espere amamentar durante a próxima década a partir do primeiro dia. Isso é assustador demais. Em vez disso, faça um pequeno jogo para enganar sua mente e estabeleça a meta de amamentar durante os próximos 14 dias, para então fazer uma reavaliação. Então, quando estiver acordada no meio da noite tratando seus mamilos com alguma pomada, você pode se confortar com o pensamento de que toda essa dor e frustração logo chegarão ao fim.

2. **Lembre-se: ficará cada vez mais fácil**. Seus mamilos irão cicatrizar. Seu bebê aprenderá a pegar no seio corretamente. Sua ingurgitação diminuirá. Seu leite deixará de vazar o tempo todo. Espere: deixe-me reformular isso: você se tornará uma expert em lembrar de usar seus absorventes de seio, de forma que ninguém perceberá que seu leite está vazando. E a essa altura você descobrirá que amamentar é — ouso dizê-lo? — divertido. Talvez até comece a antecipar as sessões de amamentação. E talvez decida que queira amamentar por mais tempo, até por muito mais tempo.

3. **Não force a barra**. Num momento em que seu bebê estiver gritando, e você, chorando, e ninguém aparenta ser capaz de pegar no seu seio corretamente, faça uma pausa de alguns minutos. Entregue o bebê ao pai, vá atualizar seu Facebook, volte quando estiver mais calma e tente de novo.

4. **Beba como se estivesse participando de uma maratona**. A fim de se transformar em uma máquina de leite eficiente, seu corpo precisa de muito líquido. Tome um copo de água antes e depois de cada sessão de amamentação para garantir que seu corpo receba a quantidade de líquido necessária.

5. **Alimente-se bem**. Comecei escrevendo: "Coma como um lutador de sumô." Mas aí lembrei que comer um pacote inteiro de batatinhas durante uma sessão noturna de amamentação não ajudará na perda do peso de gravidez. Por isso, prefiro dizer: "Alimente-se bem." Enquanto amamenta, é muito importante que você coma bastante, de forma saudável e equilibrada, para garantir a produção de leite.

6. **Valorize esse tempo**. Haverá momentos (ok, muitos momentos) quando seu recém-nascido irá mamar por uma hora e meia e querer mamar de novo após uma pausa de 12 minutos. Talvez você comece a se sentir como uma vaca humana que vive apenas para amamentar seu bebê. Mas valorize esse tempo. Pois ele crescerá. E essas horas se transformarão em sessões de alimentação de dez minutos. E depois, seu bebê passará a gritar: "Quero suco, mamãe!" A essa altura, você olhará para trás com um sentimento de nostalgia. E as pessoas olharão para você quando estiver sentada na frente de seu laptop numa cafeteria, com lágrimas correndo pelo seu rosto enquanto se lembra dos bons e velhos tempos em que seu bebê ficava deitado em seu colo e olhando para você com aqueles grandes olhos que diziam: "Preciso de você, mamãe." (Não que eu tenha passado por essa experiência; é óbvio que não.)

Equipamento de amamentação

Quando estive numa loja fazendo a lista para o chá de bebê, percebi que havia uma seção inteira dedicada a equipamentos de amamentação. E, ingênua como era, pedi ajuda à vendedora e perguntei por que eu precisaria de equipamentos especiais para uma simples manobra de "abrir a boca e inserir o seio".

Ela balançou a cabeça e me deu um daqueles sorrisos do tipo: "Já, já você vai descobrir." E eu descobri. Você vai precisar dos seguintes equipamentos:

1. **Uma almofada de amamentação**. Uma almofada de amamentação é, na verdade, uma almofada na forma de meia lua que apoia seu bebê enquanto mama para que você possa descansar seus braços exaustos. E, na minha opinião, esse é o equipamento de amamentação mais importante — sim: para mim, é mais importante ainda do que um sutiã de amamentação, pois lhe fornece muito conforto. Uma boa almofada de amamentação salvará sua coluna e libertará seus braços para atividades importantes, como segurar uma xícara de café ou um bom livro. Existem vários modelos disponíveis; escolha o que mais se adaptar à sua necessidade.

2. **Um bom sutiã de amamentação**. Digamos apenas que, quando seus seios dobrarem de tamanho de um dia para o outro, eles precisarão de suporte. Isso e o fato de que, quando seu bebê estiver com fome, e ele estará com fome, você agradecerá se conseguir amamentá-lo o mais rápido possível. Advertência: não compre sete sutiãs de amamentação novos antes de ter seu bebê. Quando estava grávida, comprei quatro (sim, quatro) sutiãs de amamentação. Normalmente uso tamanho D, e quando estive grávida, precisaria usar tamanho DD. Visto que havia sido advertida de que meus seios ficariam enormes, comprei sutiãs do tamanho DDDD. No caixa, brinquei dizendo que precisaria preenchê-los com absorventes de seio para fazer com que coubessem. Mas três semanas mais tarde, quando troquei os sutiãs por outros de tamanho F (sim, isso existe), decidi que, a partir daquele momento, todas as compras de sutiãs de amamentação seriam feitas apenas após o nascimento.

3. **Sutiãs para dormir e blusas de amamentação.** Além de alguns sutiãs de amamentação, sugiro que compre também alguns sutiãs para dormir. Trata-se de sutiãs macios de algodão, que servem ao único propósito de sustentar seus seios durante seu sono. É claro que você poderia usar sutiãs de amamentação normais, mas esses sutiãs para dormir são superconfortáveis e, bem, quando você dorme menos de três horas por noite, vai querer dormir o melhor possível, não é? Sugiro também que compre uma ou duas blusas de amamentação. São ótimas não só em casa, mas também para usá-las sob suas roupas normais quando você se aventurar num lugar público.

4. **Uma bomba tira-leite — talvez.** Vamos fazer um pequeno exercício juntas. Feche seus olhos e se imagine daqui a seis meses. Você (a) ainda está acampada no sofá, vestindo seu mesmo moletom horrível, com as pernas na mesa de centro e com seu bebê mamando no seu seio; ou (b) está usando um terno, levando uma caixa de isopor cheia de mamadeiras e tentando encontrar um lugar para tirar seu leite escondido dos olhares de seus colegas?

   Se sua resposta for (a), você não precisará de uma bomba tira-leite. Eu sou uma mãe que trabalha em casa, o que significa que o sofá é meu lugar de trabalho (sim, usando aquele moletom horrível) e nunca precisei de uma bomba tira-leite. E nas raras ocasiões em que meu marido e eu decidimos fazer alguma loucura, como sair para jantar sem as crianças, eu facilmente consigo tirar bastante leite com uma bomba manual barata.

   Mas se sua resposta for (b), você precisará de uma bomba — uma boa. Se você for voltar a trabalhar, mesmo se apenas por algumas horas por semana, você precisará de uma bomba em seu local de trabalho para manter a produção de leite e tirar leite que seu bebê possa beber quando você estiver fora de casa. Acredite: você não vai querer ficar presa no banheiro da sua empresa durante trinta minutos, usando uma bomba manual, enquanto seus colegas a esperam na sala de reuniões. Compre uma bomba elétrica rápida e eficiente que você facilitará e muito as coisas para si mesma.

5. **Uma coberta de amamentação**. Meus sogros vieram nos visitar por uma semana após o nascimento do meu filho — o que foi legal — mas toda vez que eu queria amamentar meu filho, precisava desaparecer e me trancar no quarto de bebê durante uma hora enquanto Joey mamava. Aprendi rapidamente que com a ajuda de uma coberta de amamentação — e um posicionamento estratégico —, eu podia amamentar meu bebê sem perder nada da ação.

Algumas coisas (um tanto produtivas) que você pode fazer enquanto amamenta seu bebê

Sei que acabei de lhe dizer que você deve valorizar cada momento de amamentação. E deve, de fato, valorizar cada um dos oitenta minutos infindáveis de suas sessões de amamentação. Que tempo precioso para criar laços e para conhecer seu bebê! Mas — e não tenho vergonha de admitir isso —, após ficar olhando para meu bebê durante um tempo, eu ficava entediada e sonolenta. E nos tempos em que não estava conseguindo dormir o bastante, havia momentos em que precisava me ocupar com algo naquela cadeira de balanço. Aqui estão algumas sugestões:

1. **Ore por seu bebê**. Que grande oportunidade uma sessão de amamentação lhe dá para orar por seu bebê! Enquanto estiver sentada ali com ele, use a oportunidade para agradecer a Deus pela incrível bênção que você recebeu — e ore pelo crescimento, pelo desenvolvimento e pelo futuro do seu bebê, entre outras coisas.

2. **Leia um romance**. Sou viciada em romances. Não há nada melhor do que se envolver na trama de uma grande história. E ser forçada a se sentar para amamentar significa que você tem mais tempo para ler. Sugiro que compre um *Kindle* ou um tablet para ler — eles não são apenas leves, mas também permitem virar a página com uma única mão, enquanto sua outra mão segura seu bebê. E houve tempos em que meu *Kindle* me salvou de uma catástrofe, quando terminei um romance no meio de uma sessão de amamentação e consegui comprar um outro livro na internet.

3. **Leia a Bíblia**. Sempre reservo a primeira sessão de amamentação da manhã para ler a Bíblia, e isso é uma forma maravilhosa de reservar um tempo para Jesus num dia lotado.

4. **Faça um devocional**. Você pode usar sua primeira ou última sessão de amamentação do dia para ler um texto devocional. Repito: ler enquanto amamenta praticamente garante não perder um único dia (você não vai se esquecer de amamentar seu bebê, vai?) e pode ser muito edificante para sua alma de mamãe dedicada.

5. **Cante para seu bebê**. Eu tenho uma daquelas vozes que apresentariam no quadro de comédia de programas de calouros: não é bonita. Mas meus bebês parecem adorá-la. Por isso, enquanto se alimentam, eu canto para eles meus hinos e cânticos preferidos.

6. **Trabalhe seu casamento.** Mesmo que seu bebê tenha se tornado o centro de seus pensamentos, seu marido (lembra-se dele?) ainda precisa de você. Peça que ele lhe faça companhia durante uma sessão de amamentação e use o tempo para conversar com ele.

7. **Leia revistas.** Um bebê recém-nascido tende a destruir sua habilidade de ter conversas cultas, mas leia algumas revistas e elas lhe fornecerão uma lista de assuntos (leia o sumário). Você passará a impressão de que está conseguindo dormir muito mais do que duas horas por noite.

8. **Ligue para suas amigas.** Você se lembra dos dias em que conversava horas a fio com sua melhor amiga? Bem, agora, de repente, tem tempo para isso de novo. Quando seu bebê estiver mamando, coloque seus fones de ouvido e ligue para uma velha amiga.

9. **Planeje a ceia... de Natal.** Evidentemente, a última coisa que você fará durante os próximos meses é cozinhar. Mas isso não deveria impedi-la de abrir um livro de receitas e escolher alguns cardápios para quando sair da fase de bebê.

10. **Atualize seu status do Facebook ou do Twitter.** Isso pode ser a única vez em toda a sua vida em que você pode chamar o tempo gasto no Facebook de produtivo, mas se estiver sentada aí, não há nada que a impeça de ver o que sua melhor amiga do segundo ano do ensino fundamental está fazendo agora.

Descanso para a mãe

Para quando você estiver curtindo um momento tranquilo com seu bebê.

Assim diz o SENHOR,
o seu redentor, que o formou no ventre:
"Eu sou o SENHOR, que fiz todas as coisas,
que sozinho estendi os céus,
que espalhei a terra por mim mesmo..."

Isaías 44:24

Senhor Deus, tu és o grande Redentor! Estou sentada aqui admirando aquele que fez os céus e a terra, que também cuidadosamente criou essa pequena e preciosa vida que seguro em meus braços. Obrigada, Pai, por não só criares e amares meu bebê, mas também por lhe dares a oportunidade de ser remido por tua graça. Tu és eternamente fiel. Amém.

Amamentar em público

No verão passado, viajei para Nashville para participar da convenção de mães de alunos da pré-escola, e visto que meu filho Will só tinha dois meses de idade, eu o levei comigo. Na véspera de nossa partida, meu pediatra me advertiu de que Will estava com algum fluído em seu ouvido (ele estava desenvolvendo uma infecção) e que a melhor maneira de evitar que seus ouvidos doessem no avião seria amamentá-lo durante a decolagem e o pouso. Fácil, não é?

Mas, enquanto a maioria das mães de recém-nascidos é esperta o bastante para imprimir o cartão de embarque com antecedência, eu não sou a maioria das mães. Esqueci. Assim, acabei ficando, com um saco cheio de hambúrgueres, no assento do meio entre um cara de 160 quilos e um moço atlético.

Sei que você consegue imaginar a dificuldade que tive para cobrir meus seios, apoiar meu braço e amamentar meu filho. Meu colega atlético chamou a comissária de voo e perguntou se haveria outro assento para ele (não havia), e meu outro amigo não conseguiu desviar o olhar de mim. Não preciso dizer que estava ansiosa pelo momento de sair daquele avião.

O que estou querendo dizer? Haverá momentos em que você terá que amamentar seu bebê em público. E apesar de não ser o tipo de lactivista que participa de sessões de amamentação em massa, sou sim o tipo de lactivista que acredita ser absolutamente apropriado amamentar seu bebê em público quando necessário. Aqui estão minhas dicas para fazê-lo com certa graciosidade:

1. **Sempre leve uma coberta de amamentação para onde quer que vá.** Um cobertor normal ou sua blusa de moletom simplesmente não conseguirão dar conta do recado — um movimento rápido do seu bebê e seu cobertor sairá voando no momento em que seu velho professor de geometria passa por você. Adquira o hábito de sempre levar consigo uma coberta de amamentação para que você consiga se cobrir rapidamente sempre que surgir a necessidade.

2. **Seja confiante.** Se você se esconder num canto, de costas para o restaurante, todos olharão para você. Descobri que quando me cobria discretamente e continuava a fazer o que estivesse fazendo, a maioria das pessoas nem percebia que eu estava amamentando.

3. **Use roupas que facilitem a amamentação**. Nunca me esquecerei do domingo em que usei um vestido com zíper nas costas para ir para a igreja. Digamos apenas que, naquele domingo, tivemos que sair bem mais cedo.

4. **Peça ajuda**. Pode ser um pouco difícil arrumar e preparar tudo para amamentar seu bebê — por isso, não tenha medo de pedir ajuda a uma amiga para ajustar a coberta de amamentação ou para tirar uma fralda de pano de sua bolsa e limpar o vômito do bebê.

Lugares (meio que) privados para amamentar em público

1. O vestiário de uma loja.

2. Seu carro.

3. Numa sala especial de um armazém. Hoje em dia, muitas lojas grandes têm espaços reservados para mulheres que servem também como lugares para amamentar seu bebê.

4. Num ônibus ou metrô — escolha um cantinho e se cubra.

5. Num restaurante.

6. Num parque. Encontre um banco mais calmo ou um pedacinho de grama na sombra.

7. No sofá de uma cafeteria.

8. Em alguma loja adaptada às necessidades de bebês (por exemplo, *Babies "R" Us*), que ofereça salas da amamentação com poltronas confortáveis e iluminação aconchegante.

9. Num cantinho de leitura de uma biblioteca ou livraria.

Desmamar

Confissão: não gosto de desmamar meus filhos. Gosto de amamentar, e a ideia de abandonar esses momentos especiais de conforto e de criar laços me faz chorar. Por isso, em vez de desmamar meus filhos com um ano, eu simplesmente continuo amamentando. E amamentando. E amamentando. Acabei desmamando minha filha pouco antes de seu segundo aniversário — quando meu marido me obrigou a fazer uma viagem apenas com ele por ocasião do nosso aniversário de casamento — mas chorei durante dois dias imaginando que ela ficaria marcada para o resto de sua vida porque eu a desmamei. Posso culpar os hormônios?

Espero não ofender ninguém quando digo pensar que na vida de cada bebê vem o momento em que ele precisa desmamar. E esse momento provavelmente chega antes de entrarem no jardim de infância. Se você pesquisar no Google "recomendações de amamentação", a maioria dos pediatras concorda que amamentar uma criança por pelo menos um ano é ideal — e continuar a fazê-lo por mais um ou dois anos não faz mal nenhum.

Evidentemente, as recomendações da comunidade médica precisam ser confrontadas com a praticidade — e a verdade é que, para muitas mulheres, é muito difícil amamentar sua criança durante um ano inteiro, especialmente se tiverem um emprego. Perguntei a minhas amigas e a maioria desmamou seus filhos em algum momento entre o sexto e nono mês. Vinte e cinco por cento amamentaram durante um ano inteiro e apenas uma ou duas foram além.

De qualquer forma, desmamar precisa ser um processo. Eu tive que desmamar meu filho Joey de um dia para o outro em seu 16º mês de vida porque fiquei grávida e tive que tomar um remédio que me impedia de amamentá-lo. Eu literalmente passei de amamentá-lo quatro vezes por dia para nenhuma vez. E posso dizer que foi doloroso. Foi pior do que a ingurgitação quando comecei a amamentar. Portanto, não faça isso a não ser que seja absolutamente necessário.

A melhor maneira de desmamar é lentamente "pular" uma sessão de amamentação por vez ao longo de várias semanas. Uma vez que tiver diminuído as sessões para uma sessão por dia, passe a amamentar seu bebê apenas a cada dois dias, e depois simplesmente pare de amamentar. Se você sentir alguma ingurgitação, você pode usar sutiãs de esporte apertados. Independentemente do que você fizer, não use a bomba tira-leite para aliviar a ingurgitação a não ser que seja absolutamente obrigada a fazê-lo, pois — você já deve ter adivinhado — isso incentiva seu corpo a produzir mais leite.

As perguntas mais frequentes relacionadas à amamentação

Pergunta: Eu posso tomar café enquanto amamento (por favor, diga que sim, pois não sei se sobreviverei às próximas duas horas sem um café)?

Resposta: Como regra, posso dizer que a cafeína é permitida quando você amamenta. E agora que me tornei sua melhor amiga eternamente por lhe devolver seu expresso duplo com dose dupla de chantilly, preciso adverti-la que ingerir grandes quantias de cafeína (digamos três ou quatro xícaras por dia) pode deixar seu bebê nervoso e causar distúrbios de sono. (Isso vale para seu bebê e para você.) Alguns bebês têm sistemas digestivos que não lidam bem com a cafeína. Meu filho Joey desenvolveu muitos gases após cada sessão de amamentação e, finalmente, após duas semanas de negação, descobri que meu hábito de tomar café estava afetando seu sistema. Passei a tomar chá, e seu nervosismo desapareceu. Alguns meses mais tarde, quando seu sistema digestivo havia amadurecido um pouco, eu pude voltar a tomar café aos poucos, e ele ficou bem.

Pergunta: Posso tomar bebidas alcoólicas enquanto amamento?

Resposta: Talvez. Antes de pedir aquela margarita, sugiro que fale com seu obstetra, parteira ou conselheira de amamentação ou com seu pediatra para que eles a orientem. Meu obstetra disse que o leite materno rapidamente absorve o álcool (alcançando o auge 30 a 40 minutos após ingerir a bebida) e desaparece dele igualmente rápido, por isso, recomendou que eu esperasse mais ou menos duas horas após tomar um drinque para voltar a amamentar. Mas visto que ingerir grandes quantidades de álcool pode prejudicar tanto suas habilidades de amamentação quanto sua saúde em geral, sugiro que limite seu consumo de álcool a um pequeno drinque de vez em quando.

Pergunta: Se eu beber, não posso simplesmente bombear e jogar fora o leite?

Resposta: Durante anos, os médicos têm instruído as mulheres que ao tomar algumas taças de vinho podiam simplesmente usar a bomba, retirar o leite e jogá-lo fora, para então amamentar seus bebês normalmente. E isso faria sentido caso seios fossem baldes que você enche, esvazia e enche novamente. Mas a realidade é que seu corpo é um sistema complexo que produz leite constantemente, que reabsorve o que não se gasta e completa suas linhas de fornecimento. Por isso, se houver álcool em sua corrente sanguínea, também haverá em seu leite materno, o que significa que bombear e jogar fora é inútil. Por isso, sugiro que limite seu consumo de álcool a um ou dois drinques e espere pelo menos duas horas para que o álcool saia de sua corrente sanguínea antes de voltar a amamentar seu bebê.

Pergunta: E quanto à comida? Há algum alimento que não devo ingerir enquanto amamento?

Resposta: Mais ou menos. Gostou da resposta absolutamente clara? A situação é a seguinte: diferentemente da gravidez, não há alimentos "inseguros" para mães que amamentam. Portanto, você pode comer sushi e sanduíches de peito de peru à vontade. Mas determinados alimentos (como aquele curry superpicante) podem alterar o gosto de seu leite materno, o que significa que seu bebê pode não gostar. Além disso, alguns alimentos provocam gases em seu filho, o deixam inquieto ou irritado, ou seja, você terá que lidar com um bebê com cólicas. Sua primeira linha de defesa pode consistir em remover alimentos irritantes como produtos de leite, trigo ou soja de sua dieta.

Pergunta: Sou dama de honra no casamento da minha prima e ficarei afastada do meu bebê durante um dia inteiro. Tenho bastante leite materno guardado no congelador para alimentá-lo durante o dia. A minha pergunta é posso simplesmente não usar a bomba naquele dia e voltar a amamentar meu bebê normalmente no dia seguinte?

Resposta: Isso depende de quão bem a amamentação já está acomodada à sua rotina. Caso seu bebê seja pequeno e ainda esteja se acostumando à rotina da amamentação, sugiro que use a bomba nos horários de amamentação para (a) garantir que sua produção de leite não diminua e (b) para que não vaze leite em seu caro vestido de festa. Se você já estiver amamentando há algum tempo, talvez aguente por algum tempo, mas isso também pode ser arriscado. Eu posso ser usada como exemplo. Trabalho em casa, portanto nunca fiquei longe do meu bebê por mais do que algumas horas. Mas algumas semanas atrás, minha empresa levou minha equipe para outra cidade em um retiro e tive que trabalhar no escritório de oito às cinco horas. Pensei que não usar a bomba por um dia não seria problema, pois meu filho já estava com 12 meses e eu já havia amamentado um total de mais de 4 anos e meio a esta altura. Mas até mesmo com uma carreira de amamentação bem-sucedida, eu fiquei ingurgitada no meio da tarde e tive que enfiar toneladas de lenços de papel no meu sutiã para evitar que molhasse toda a minha blusa.

Além da amamentação

Viu, eu não lhe disse que amamentar era complicado? E mesmo que você pense que está entupida com informações, há muito mais que precisa saber sobre como alimentar seu bebê, coisas que vão além da amamentação. No capítulo seguinte, falaremos sobre bombear, sobre preservar o leite, sobre alimentar com mamadeira, com leite em pó, sobre horários de alimentação e outras coisas mais. Portanto, pegue um copo de água — lembre-se: mães que amamentam precisam se hidratar — e um lanche saudável, e volte para continuar sua leitura.

Capítulo 6

À mamadeira e além

Todas as informações necessárias para alimentar com a mamadeira

Eu cometi muitos erros como mãe. Teve um dia em que me esqueci de comprar fraldas e acabei enrolando a Kate numa toalha para poder comprar um pacote de fraldas na farmácia. Outra vez, tive que dar flocos de cereais como café da manhã para o meu Joey porque estava sem leite, pão e ovos em casa. Nem quero me lembrar da vez em que esqueci o Will na creche da igreja e só me lembrei de que estava indo para casa sem meu bebê após dirigir por cinco minutos.

Mas o erro do qual mais me arrependo (até agora) foi minha decisão de não apresentar meus bebês à mamadeira numa idade em que ainda poderiam ter se adaptado a ela. E o pior disso tudo? Cometi o mesmo erro três vezes. Com três bebês diferentes. Aqui está alguém com dificuldades de aprendizagem.

Tudo começou com o Joey. Os médicos e as enfermeiras me advertiram que não deveria usar a mamadeira antes de ter certeza de que a amamentação estava funcionando bem. Alguém usou a expressão "confusão de bicos", e eu tremi na base. Eu não queria que meu filho ficasse confuso ou fizesse alguma loucura como preferir a mamadeira ao seio. Assim, esperei as duas ou três semanas obrigatórias para garantir que a amamentação funcionava bem e acrescentei mais algumas semanas, só para ter certeza. Decisão ruim. Quando apresentei o Joey à mamadeira, ele não quis saber dela. O que não era problema enquanto eu estava em casa. Mas aos quatro meses de idade, eu tive a oportunidade de ir à Nova York numa viagem de negócios, e ele se recusou a aceitar a mamadeira da minha mãe (que me acompanhou e ficou no quarto do hotel para cuidar dele). Eu estava encrencada. Tiveram que me tirar das reuniões para amamentar meu filho.

Você imaginaria que, depois dessa experiência, eu não hesitaria em apresentar a mamadeira a Kate. Mas não. No caso dela, eu simplesmente estava ocupada demais tentando dar conta de ser mãe de duas crianças com menos de dois anos de idade e me esqueci completamente da mamadeira. Quando me lembrei, ela já tinha quatro meses de idade. Tarde demais. De novo.

Já tendo cometido duas faltas, eu realmente tinha todos os incentivos para garantir que Will se tornasse um campeão na mamadeira. Afinal de contas, eu tinha acumulado muitos fracassos no que dizia respeito a essa questão, e você imaginaria que eu estivesse muito motivada para, por exemplo, me agarrar a oportunidade de fazer com que meu marido se levantasse de vez em quando no meio da noite para alimentá-lo. E eu estava motivada. Mas não o bastante para persistir a despeito de seus protestos. Em minha defesa devo acrescentar que, aos cinco meses de idade, Will decidiu aceitar a mamadeira. Uma vez — numa situação de desespero, porque eu não estava em casa e o pai não possuía o equipamento para alimentá-lo de outra forma.

No entanto, a despeito de tudo isso, quero repetir o que eu disse no último capítulo. Não há nada de errado em dar a mamadeira a seu bebê de vez em quando. Ou todo dia. Na verdade, a mamadeira pode ser exatamente o que você precisa para sobreviver aos primeiros meses como mãe. Pode ser também bastante útil caso você queira voltar ao seu emprego ou sair com seu marido. Nesse caso, precisará de algum substituto para seus seios para alimentar o seu bebê.

Bem, agora que ficou bem claro que eu não possuo nenhuma qualificação para falar sobre mamadeiras, eu simplesmente gastarei o resto do capítulo instruindo-a a fazer coisas que eu não sei fazer. Mas não se preocupe. Eu pedi ajuda às minhas amigas que entendem tudo de mamadeiras. Aqui estão os seus conselhos.

Conhecimentos básicos

Na verdade, culpo a loja em que comprei a mamadeira pelos meus fracassos com ela. Se não fosse pelo seu corredor imenso com sua enorme oferta de mamadeiras, eu talvez tivesse pelo menos cogitado comprar uma mamadeira. Talvez. Mas falando sério, existe uma oferta de — como assim? — um milhão de modelos diferentes? E mesmo após escolher uma marca, você precisa escolher o tamanho do bico, tamanho da mamadeira, cor da mamadeira, e dentro de poucos minutos precisa fazer uma pausa na cafeteria do supermercado antes de começar a hiperventilar.

Após se recuperar do seu ataque de pânico, minha amiga Alex sugere que você comece com as mamadeiras mais baratas e veja se o seu bebê as aprova. Se este for o caso, você resolveu seu problema. Se ele fica enjoado, com cólicas ou gases após usar a mamadeira barata, você deveria começar a ensiná-lo uma coisa ou outra sobre seus direitos. Sério, ele realmente acredita que tem direito a receber tudo por meio de um bico de ouro?

Evidentemente, se você é uma dessas mães iluminadas que preferem esperar até que seu bebê consiga entender suas palavras antes de lhe ensinar lições de caráter, você também pode voltar à loja e procurar uma mamadeira que corresponde exatamente às necessidades e preferências singulares de seu filho. Existem até mamadeiras sofisticadas que imitam o seio e que têm bicos que simulam o bico real, facilitando assim a alimentação de bebês que alternam entre mamadeira e seio. E veja só: algumas dessas mamadeiras que imitam o seio oferecem até um kit para sua bomba tira-leite, de forma que você pode bombear seu leite diretamente na mamadeira. O Cadillac das mamadeiras...

Em todo caso, uma vez que você escolheu a marca da mamadeira, já resolveu a parte mais difícil. Daí em diante, basta seguir as indicações de idade na embalagem para descobrir o tamanho certo do bico. No que diz respeito ao tamanho da mamadeira, você pode partir do pressuposto de que seu bebê vai beber muito e comprar o tamanho gigante. Ou qualquer tamanho que lhe parecer adequado.

Bombear

A razão nº 1405 pela qual nunca usei a mamadeira: odeio bombear leite. Por algum motivo, a ideia de ficar sentada com válvulas e tubos presos aos meus seios não me agrada. Mas por mais horrível que seja, existem muitas mães que fazem isso e que fazem isso com grande zelo. Minha cunhada Annie bombeava várias vezes por dia durante um ano inteiro, ao mesmo tempo que trabalhava em tempo integral. Isso é o que eu chamo de dedicação.

Se você for tirar muito leite (caso volte a trabalhar), sugiro que invista algum dinheiro numa bomba tira-leite elétrica. Acredite em mim: trancar-se num banheiro apertado com uma bomba manual não é uma boa ideia — por mais tentadora que seja a ideia de poder fazer vários intervalos durante seu horário de trabalho. Como já disse no capítulo anterior, se você for tirar leite apenas ocasionalmente, uma bomba manual barata dará conta do recado.

Sugiro também que pense em comprar um sutiã especial que lhe permita tirar o leite sem que você tenha que usar as mãos. Como se ficar sozinha num quarto ligada a uma máquina que ordenha seu leite não bastasse, as bombas tira-leite exigem que você as aperte contra os seios durante todo o tempo em que estiverem ligadas. O que significa que você não pode fazer nada, como checar seus e-mails ou ler seu *Kindle* enquanto bombeia. Esse sutiã mantém a bomba apertada contra seu seio — o que é uma visão bastante perturbadora, mas muito útil quando tem coisas a fazer.

Agora, precisamos falar sobre algumas orientações médicas básicas que encontrei on-line e que uma amiga minha, que é conselheira de amamentação, confirmou: sempre que tirar seu leite, esvazie seus seios — o que deve levar de dez a quinze minutos com uma bomba elétrica. Um seio vazio induz seu corpo a produzir mais leite, enquanto um seio meio vazio induz seu corpo a produzir menos. Sessões frequentes e rápidas podem diminuir sua produção de leite. Se for usar a bomba após amamentar seu bebê, pode usá-la até perceber que mais nada está saindo.

Regras para armazenar seu leite materno

Como se não bastasse monitorar o gasto de fraldas e os horários de alimentação do bebê (com um iPad e um aplicativo, é claro), você também precisa aprender algumas regras de segurança importantes para armazenar seu leite materno. Pois bem, se não seguir as regras, seu bebê ficará doente. E a culpa será sua. Não que eu queira colocar pressão em você. Siga apenas estas instruções:

- Leite fresco pode ser armazenado em temperatura ambiente para ser consumido dentro de seis horas. Mas não coloque o leite na geladeira se tiver permanecido do lado de fora por mais de uma hora.
- Se você quiser armazenar o leite, coloque-o imediatamente na geladeira ou no congelador.
- Armazene seu leite em porções pequenas para não desperdiçá-lo caso seu bebê não consiga beber tudo. Afinal de contas, você trabalha muito para produzi-lo.
- Leite fresco pode ser armazenado na geladeira por até cinco dias; e, no congelador, de três a seis meses. Se quiser guardá-lo por mais tempo, ele pode ser preservado num congelador especial de seis a 12 meses.
- Anote na embalagem a data do leite com marcador permanente. Essa é a desculpa perfeita para comprar o pacote família de marcadores que você sempre quis. E tente usar o leite na ordem em que o bombeou.
- Descongele o leite na geladeira ou em água fria, não na bancada.
- Após descongelar o leite, você pode guardá-lo na geladeira por até 24 horas. Mas não o congele novamente.

- Jamais use o micro-ondas para descongelar ou esquentar o leite materno. Isso pode criar núcleos quentes que podem queimar a boca do seu bebê.
- Qualquer resto de leite que seu bebê não consiga beber deve ser jogado fora.
- Se seu bebê preferir leite quente, coloque a mamadeira em uma panela de água quente e o esquente assim por dez minutos.

Informações básicas sobre o leite em pó

Quando comecei a escrever essa seção, eu fiz uma excursão até o corredor do supermercado com leite em pó e percebi que existe mais de um tipo de leite em pó. Tenho certeza que vi os sabores chocolate, morango, baunilha e até mesmo caramelo com chantilly. Eu não olhei de perto — mas juro que existiam uns milhões de opções. Já que não consegui processar todas as informações, pedi ajuda à minha amiga Anna.

Basicamente, a maioria dos bebês começa com um leite em pó básico de leite de vaca. Trata-se dos "leites em pó de baunilha" — o pó básico e padronizado usado nos hospitais e comprado pelos pais e recomendado pelos pediatras. E se seu bebê não for alérgico a leite de vaca, você poderá usar um leite em pó de vaca até ele começar a beber leite de vaca de verdade. Se ele demonstrar sinais de alergia a leite de vaca — fezes com sangue, muitos gases, irritações na pele —, seu pediatra indicará um leite de soja. Se ele continuar com sinais de alergia mesmo tomando um leite em pó de soja, você terá que comprar um leite em pó supersofisticado chamado proteína hidrolisada. Não faço ideia do que seja proteína hidrolisada, mas creio que se o médico recomenda algo que nem ele consegue pronunciar ele deve saber o que está fazendo. E você deve simplesmente fazer o que ele disser.

No que diz respeito ao preço do leite em pó, corre o boato de que é bastante caro. Mais caro do que seu consumo de cappuccinos habitual. Além disso, a validade de leite em pó é curta, portanto, verifique a data de validade antes de comprar uma lata gigante. Existem também muitos leites em pó já preparados, prontos para usar, que são superconvenientes, mas também caríssimos. Portanto, se tiver dinheiro sobrando, sinta-se à vontade para gastá-lo pagando muito dinheiro a alguém para que ele misture seu leite em pó com um pouco de água. Ou invista doze segundos de seu tempo para preparar seu próprio leite. A decisão é sua.

Como preparar e armazenar leite em pó

Leite em pó se parece bastante com sobras de comida. Ok, leite em pó não se parece em nada com sobras de comida, apenas no fato de que é melhor quando é preparado e consumido na mesma hora. Você pode armazená-lo na geladeira por até 24 horas, mas o gosto não é o mesmo. Pelo que me disseram.

Se for sair de casa, sugiro que leve o pó seco num pequeno recipiente de plástico e o leve consigo, juntamente com várias garrafas de água já na medida certa. Se você acha isso complicado demais, você também pode preparar o leite antes de sair e mantê-lo refrigerado numa caixa de isopor.

É claro que, mesmo quando tiver descoberto um jeito de armazenar e preparar o leite em pó, seu bebê ainda pode criar problemas para você. Alguns bebês gostam de seu leite aquecido. Você pode comprar um esquentador de mamadeira para esquentá-lo rapidamente ou colocar a mamadeira numa panela de água quente. No entanto, Anna recomenda que você tente dar a mamadeira a seu bebê em temperatura ambiente. Assim, evita de esquentar a mamadeira no meio da noite ou de encontrar um jeito de esquentá-la quando estiver fora de casa.

Uma última coisa sobre como preparar o leite em pó: em algumas regiões, a água que sai da torneira não deve ser consumida. Existem muitas razões para isso — pode ser que a taxa de flúor seja alta demais para seu bebê ou que contenha níveis impróprios de outros minerais. Sugiro que prepare o leite em pó de seu bebê com água mineral, que você encontra em qualquer supermercado.

Como alimentar bebês adotados

Conheço duas mulheres que conseguiram induzir a produção de leite materno por meio de remédios, de forma que puderam amamentar seus bebês adotados — o que deve ser uma das invenções mais legais da medicina moderna. Adoro isso. Mas, enquanto algumas mulheres conseguem estimular a lactação, a grande maioria de bebês adotados é alimentada por meio de mamadeiras. O leite em pó é a escolha mais óbvia e simples, mas existem mães que optam por outros métodos pelos mais diversos motivos.

Meu sobrinho Asa foi adotado e, em virtude de uma séria condição médica, seus médicos chegaram à conclusão que o leite materno era a melhor solução para seu sistema digestivo frágil. Felizmente, existe um banco de leite materno sem fins lucrativos na nossa região que aceita doações de leite materno e o pasteuriza para crianças com necessidades especiais. Meu sobrinho conseguiu uma receita para leite materno e, apesar de muito caro — 30ml custavam quase cinco dólares —, esse leite foi uma grande bênção para o pequeno Asa, que não tinha outra opção.

Soube também que alguns pais adotivos estabelecem uma agenda para um tipo de ama de leite moderna, que lhes permite usar o leite de outras pessoas para alimentar seu bebê. Eles pedem a amigas e parentes que estão amamentando que bombeiem leite para seu filho ou que peçam às mães que estão desmamando os seus bebês se eles podem ficar com seu estoque de leite materno congelado. Se optar por este caminho — e reconheço que os benefícios podem pesar mais do que os riscos em determinados casos —, seja muito cuidadosa. Leite materno é um líquido produzido pelo corpo, e determinadas doenças podem contaminá-lo; por isso, fale com seu pediatra. É muito importante que você conheça a fornecedora do leite pessoalmente.

É um admirável mundo novo, não é?

Só para encerrar este capítulo num tom positivo, pensei que seria uma boa ideia lembrá-la do quanto você mudou desde que se tornou mãe. Pois se tivesse dito qualquer uma dessas coisas dez meses atrás, suas amigas teriam pensado que você estava louca. Mas agora? Conversa normal do dia a dia.

Dez coisas que você jamais teria dito dez meses atrás...
(mas que são totalmente apropriadas agora):

1. "Ei, pode pegar uma garrafa de suco de seio na geladeira para mim?"
2. "Não, querido, acho que estes mamilos aqui se parecem mais com os meus. Você não acha? Eu sei que esses aí alegam ser os mais parecidos com mamilos humanos, mas eu simplesmente não acredito."
3. "Você acha que minha bomba tira-leite passa como bagagem de mão ou como item pessoal?"
4. "Não, você não pode usar o leite materno na sua granola. Vá ao supermercado e compre leite para você."

5. “Esse sutiã para bombear leite me faz parecer com a Madonna? Não, não precisa responder.”
6. “Não entendo por que não podemos usar a própria garrafa como taça de vinho. Pelo menos, isso me pouparia de ter que lavar louça hoje à noite.”
7. “Seu cocô me parece ter um tom um pouco mais esverdeado desde que mudei para outro leite em pó. Talvez devêssemos comprar uma escala cromática para monitorar as mudanças de cor para o pediatra.”
8. “Querido, sei que são 3 da manhã, mas será que você poderia ir até o supermercado? A nossa água mineral acabou.”
9. “Não ouse jogar fora essas duas últimas gotas. Isso é ouro líquido, estou lhe dizendo, ouro líquido!”
10. “Sinto muito, não posso ajudar a cortar a grama do jardim, preciso bombear leite.”

Capítulo 7

Fraldas e lenços

Trocando fraldas como uma profissional

Trocar fraldas parece ser um conceito tão simples. Uma fralda aqui, um lenço úmido ali, e nos seus braços um bebê limpo, seco e feliz sem a menor chance de lhe dar um banho de xixi. Mas, como tudo que envolve crianças, sempre existe um fator x — uma pequena coisa que se intromete e transforma até a coisa mais simples do mundo em algo difícil. E nesse caso, o fator x é o fato de que, independentemente de quanto você monitora os hábitos de urinar e defecar do seu bebê (será que sou a única que faz isso?), você nunca conseguirá adivinhar o quanto, e quando, ele irá defecar ou urinar. O que significa que toda mãe tem alguma história para contar sobre um incidente de fraldas.

Evidentemente, as mães de primeira viagem se deleitam com esse tipo de histórias. Só para começar a nossa conversa sobre fraldas, quero compartilhar com vocês as melhores dessas histórias que tenho ouvido recentemente:

- Algumas semanas atrás, minha amiga Ashley descobriu, enquanto participava do ensaio do jantar de casamento de uma amiga, que suas fraldas reserva tinham acabado, e ela acabou enchendo as calças de seu filho com toalhas de papel, enquanto seu marido corria para o supermercado mais próximo, onde comprou um pacote.
- A filha da minha amiga Laura fez tanto cocô, que seus excrementos encharcaram o assento infantil, a proteção sob o assento infantil e o assento do próprio carro. E evidentemente, seu marido pegou o carro emprestado no dia seguinte para pegar alguns colegas de trabalho no aeroporto. Quando retirou o assento infantil para criar espaço para seus convidados, ele teve uma surpresa muito desagradável.
- A minha história favorita aconteceu com minha amiga Katie, que estava com seu filho no colo durante um chá de bebê. A anfitriã anunciou que Katie havia ganhado um jogo, e ela se levantou para receber o prêmio. Quando olhou para baixo, viu que havia vazado cocô da fralda do filho e escorrido pelas suas pernas até o chão.

Amo essas histórias. Eu costumo rir. E chorar. E depois passo os próximos dez minutos revivendo cada história em meus pensamentos, sentindo-me imensamente grata por não ser a única mãe no mundo que não se lembra de levar fraldas em número suficiente quando sai de casa.

Conto tudo isso apenas para dizer que, mesmo que se sinta um fracasso total em trocar fraldas, você não é. Todas as mães têm histórias semelhantes para compartilhar. E mesmo quando você se encontra numa situação embaraçosa em que está passeando pelo shopping e seu bebê está literalmente vazando rios de xixi pelas meias, posso garantir-lhe que em alguns anos você vai rir sobre isso.

Entrementes, compilei um guia útil para ajudá-la a sobreviver a fase de fraldas e lenços úmidos do seu filho com elegância — bem, com tanta elegância quanto uma mãe pode ter ao lidar com o cocô e xixi de seu bebê. Seguem então minhas dicas sobre como escolher fraldas, como usá-las, como comprá-las e como garantir que você escolha, use e compre fraldas na ordem correta e no momento certo.

Descanso para a mãe

Para quando você estiver lidando com as tarefas do dia a dia.

> Confie no Senhor de todo o seu coração
> e não se apoie em seu próprio entendimento;
> reconheça o Senhor em todos os seus caminhos,
> e ele endireitará as suas veredas.
>
> Provérbios 3:5-6

Deus Pai, há dias em que não faço nada além de trocar fraldas e balançar este bebê até ele dormir. Mas oro e peço que tu me uses para o teu Reino mesmo nessas tarefas pequenas. Ajuda-me a seguir-te com alegria e total dedicação para que meu filho reconheça teu amor por meio de mim em seus primeiros meses de vida. Amém.

Escolhendo as fraldas certas

Fiz uma pequena pesquisa só para garantir que você receba todas as informações necessárias para limpar e trocar as fraldas do seu bebê. No meu laboratório doméstico bem-equipado (leia-se: tenho um bebê que usa fraldas), testei os diferentes tipos de fraldas para que pudesse dar todas as informações necessárias para comprar e usar as fraldas perfeitas para o seu bebê. Minha conclusão? Todas elas são uma escolha certa... às vezes.

A verdade é que todos os tipos de fraldas apresentam vantagens e desvantagens evidentes. Enquanto uma fralda supera todas as outras no quesito da eficiência, ela pode perder nos quesitos de conveniência e custo. Assim, numa tentativa de fornecer às minhas leitoras a pesquisa mais atualizada, enviei esta lista para um grupo de pesquisadoras (i.e., minhas amigas mães muito prestativas) para ver o que elas diriam sobre cada uma. E aqui está: o primeiro estudo (mais ou menos) reconhecido sobre fraldas.

1. Fraldas descartáveis de marca

O resumo: Quando perguntei à minha equipe de pesquisadoras que tipos de fraldas elas usavam, a grande maioria citou marcas muito conhecidas.

Vantagens:

- Fraldas descartáveis não valem nada se não forem convenientes — você dobra, joga fora e segue a vida.
- Se suas fraldas acabarem no meio da noite, você não precisa dirigir 50 quilômetros para encontrar uma loja que ofereça a sua marca. Qualquer minimercado ou farmácia as vende.

Desvantagens:

- As fraldas não são baratas, especialmente quando você precisa gastar alguns reais a mais só pelo fato de serem fraldas "daquela" marca.
- Existe um aspecto de culpa ambiental — fraldas descartáveis podem levar até 500 anos para se degradar num aterro. Ter que jogar fora centenas de fraldas a cada mês certamente desperta o desejo de uma opção mais ecológica.

2. Fraldas descartáveis genéricas

O resumo: Fraldas de marcas próprias dos supermercados são produzidas diretamente pelos vendedores com nomes que imitam sua própria marca.

Vantagens:

- As fraldas descartáveis genéricas são tão convenientes e fáceis de usar quanto as fraldas descartáveis de marca.
- As fraldas descartáveis genéricas podem ser encontradas facilmente. Você não precisa ir longe para encontrar um pacote.
- Você recebe toda a conveniência de uma fralda descartável a um custo bem menor. Maravilha.

Desvantagens:

- As fraldas descartáveis genéricas são imprevisíveis. Algumas das minhas pesquisadoras encontraram uma marca que adoraram e lhe permaneceram fiéis. Outras disseram que sempre que decidiram tentar uma fralda descartável genérica, elas se arrependeram, pois o número de incidentes triplicou imediatamente.

- As fraldas descartáveis genéricas são tão maléficas para o meio ambiente quanto as de marca.

3. Fraldas de tecido sofisticadas

O resumo: Essas fraldas adoráveis consistem de uma camada dupla de tecido absorvente e usam velcro ou colchetes de pressão para prendê-las. Normalmente, insere-se ainda um pequeno absorvente de algodão como proteção extra.

Vantagens:

- Falando em adorável — você não vai nem querer vestir seu bebê porque ele fica tão fofo nessas fraldas.
- Fraldas de tecido são significativamente melhores para o meio ambiente. Sim, existe a questão de você usar muita água para lavá-las, mas comparando-as com as fraldas descartáveis, as fraldas de tecido são infinitamente melhores.
- Se você mesma lavar as fraldas de tecido, elas são muito baratas. Após investir em sua compra inicial, seus custos são mínimos.
- Algumas pesquisas mostram que as fraldas de tecido são melhores para a pele do bebê, mas preciso acrescentar que isso não foi estudado a fundo, e minhas pesquisas pessoais indicam que assaduras e outros problemas relacionados à pele dependem mais do bebê individualmente do que do tipo de fralda.

Desvantagens:

- Fraldas de tecido tendem a vazar um pouco mais do que fraldas descartáveis.
- Se você contratar um serviço especializado que pega e lava suas fraldas, os custos podem ser altos. Por outro

lado, se você não contratar estes serviços, você gastará bastante tempo lavando as fraldas do seu bebê.

- Os custos iniciais ao comprar as fraldas de tecido podem ser altos.

4. Fraldas de tecido genéricas

O resumo: De longe, a maneira mais barata de trocar fraldas. Trata-se de fraldas de tecido absorvente em formato quadrado, que são presos com a ajuda de alfinetes ou botões de pressão. Normalmente, usa-se uma capa impermeável de fralda por cima para evitar vazamentos.

Vantagens:

- Fraldas de tecido são muito baratas. Você terá despesas iniciais para comprar as fraldas, cobertas e alfinetes, mas depois disso a única coisa que você terá que comprar é um pouco de detergente a mais. Mesmo se você contratar uma empresa que lave suas fraldas, é provável que você gaste menos com as fraldas de tecido do que com as fraldas descartáveis.
- São muito melhores para o meio ambiente. Você produzirá apenas 10% do lixo que produziria com fraldas descartáveis.

Desvantagens:

- Fraldas de tecido tendem a vazar. Muito. Portanto, se você escolher caminhar por esse caminho, compre muitas capas impermeáveis de fralda e sempre leve uma muda de roupas.
- Pode ser um grande aborrecimento ter que tirar o excesso de cocô das fraldas antes de jogá-las na máquina de lavar roupa e garantir que sempre há um estoque suficiente de fraldas limpinhas.

5. **Fralda híbrida**

O resumo: São, como diz o nome, híbridas (tecido/descartável) que vêm com uma calça protetora de tecido linda e lavável. Depois, você prende ao lado interior um absorvente descartável e biodegradável, criando assim uma fralda lavável e descartável.

Vantagens:

- Essa é a única fralda que não pesa na consciência ecológica. As calças protetoras de tecido podem ser usadas várias vezes (diminuindo assim a quantidade de roupa suja).
- Fraldas híbridas funcionam muito bem. Eu as usei com minha filha e descobri que, no quesito da eficácia, elas equivalem às fraldas descartáveis de marca.
- Fraldas híbridas são superfofas — existem modelos em cores adoráveis, e é difícil cobrir o traseirinho do seu bebê com algo mais fofo do que isso.

Desvantagens:

- Jogar essa fralda no vaso sanitário pode ser um pouco complicado. Ela exige o emprego de um tipo de bastão, e há momentos em que você simplesmente não tem tempo para lidar com isso.
- Fraldas híbridas são caras. As calças protetoras de tecido representam um investimento inicial alto, e o custo dos absorventes equivale ao custo de fraldas descartáveis de marca.
- Quando houver um incidente de vazamento, você terá que lavar tanto o delineador de plástico (eu o lavava no tanque) e a calça protetora (na máquina de lavar roupa).

Assaduras

Por algum motivo, sempre acreditei que os bebês desenvolviam uma assadura apenas quando seus pais não trocavam as fraldas corretamente. Então, quando percebi que meu filho Will, com duas semanas de idade, apresentava uma assadura tão grave que sangrava, liguei imediatamente para o consultório do meu pediatra e exclamei "Causei uma assadura no meu filho!" como se fosse algo quase tão grave quanto abuso infantil. A enfermeira me disse que, provavelmente, a assadura do meu filho não era culpa minha e que, executando alguns simples passos, eu poderia resolver o problema. (Ufa! Mais um item a riscar da lista de coisas que você pode fazer para prejudicar seu filho pelo resta da sua vida.) O que pode fazer para evitar e tratar assaduras causadas por fraldas:

- Troque as fraldas do seu bebê assim que perceber que estão molhadas ou sujas.
- Se descobrir uma assadura vermelha no traseiro do seu bebê, passe um creme contra assaduras, encontrada em qualquer farmácia. Pomadas de óxido de zinco funcionam maravilhosamente bem. Há também opções mais naturais.
- Se seu bebê desenvolver uma assadura parecida com um hambúrguer cru, trata-se provavelmente de uma infecção de fungos, e as pomadas normais mencionadas acima não darão conta do recado. Converse com o pediatra para encontrar um creme específico.
- Deixe as partes inferiores do seu bebê secarem pelo máximo de tempo possível antes de colocar a fralda nova.

- Lave as partes delicadas do seu bebê num banho quente e use um sabão suave sempre que possível.
- Se perceber um sangramento, rachaduras ou se a assadura causar dores ao ponto de não deixar seu bebê dormir, fale com seu médico.

Como escolher os lenços corretos

É um pouco mais fácil escolher lenços do que fraldas — basicamente, porque a maioria dos lenços é igual, não levando em conta os aromas sofisticados, as loções e poções acrescentadas. Um lenço é um lenço. E isso significa que, a não ser que seu bebê tenha uma pele hipersensível — ou que você tenha uma afinidade especial por coisas que cheirem a lavanda —, pode simplesmente comprar os lenços mais baratos. Dito isso, tenho algumas dicas para como comprar lenços.

- **Compre em grandes quantidades**. Um refil de lenços custa mais ou menos 50% menos do que os lenços que você compra naqueles tubos de plástico tão práticos. Por isso, compre em grandes quantidades.
- **Compre muito**. A última coisa que você quer que aconteça é que seus lenços acabem num momento inconveniente. Eu lhe darei alguns segundo para você imaginar uma dessas situações e aposto que servirá como motivação para ir diretamente ao supermercado e completar seu estoque. Ter um pacote extra de lenços em casa não tira pedaço.
- **Não estabeleça um limite para seu gasto de lenços**. Tenho uma amiga cujo marido — um

cara moderado — limita o uso a dois lenços por troca de fraldas. Isso não é apenas ridículo porque lenços custam algo em torno de um centavo cada (eu não fiz o cálculo exato, posso estar errada), mas é também melhor fazer um trabalho bem-feito com os lenços do que economizar alguns centavos e ter um bebê cheirando a cocô o dia todo. Creio que um uso generoso de lenços acabará gerando um gasto maior de 60 reais ao ano do que um uso econômico (também não fiz os cálculos exatos referentes a isso, mas acho que você entendeu). É um dinheiro bem-gasto, na minha opinião.

Como economizar dinheiro com fraldas e lenços

Agora que já falei dos males causados por uma economia indevida de lenços, acho que preciso recuperar o respeito das mães mais comedidas oferecendo algumas dicas sobre como economizar dinheiro com fraldas e lenços. Além do mais, acho que, se eu economizar um pouco de dinheiro aqui, isso rapidamente recompensará o gasto extra causado pelo uso ilimitado de lenços na troca de fraldas. Seja como for, fraldas e lenços são caros — e para ajudá-la a reduzir os gastos para não ter que reduzir seu consumo de chocolate, seguem algumas dicas de como economizar dinheiro.

1. **Fique ligada em sites de compra coletiva**. Quando pesquiso em jornais ou na internet, na maioria das vezes não encontro nenhuma promoção de fraldas. Perguntei para minha amiga Shellie, que opera um site muito popular de compra coletiva, e ela disse que as fábricas de fralda raramente oferecem descontos (acho que elas sabem que seu produto é uma necessidade básica), mas

que, de vez em quando, eles podem ser encontrados. Evidentemente, do meu ponto de vista, já que a Shellie sabe onde procurar e publica os descontos no site, então posso pular todo o processo de aprender a buscar descontos e simplesmente ficar ligada nas promoções do site dela.

2. **Assine os e-mails informativos de lojas**. Costumo encontrar as melhores promoções de fraldas em e-mails enviados pelas lojas. Na semana passada, uma loja ofereceu um refil de lenços grátis com a compra de qualquer pacote de fralda tamanho família. Alguns meses atrás, ganhei um cartão de compras no valor de dez dólares de outra loja quando comprei dois pacotes de fraldas.

Três regras básicas para uma troca de fraldas eficiente

1. **Encontre fraldas que caibam**. Não é fácil encontrar o tamanho de fralda certo. Não parece ser difícil à primeira vista — a maioria imagina que basta verificar o peso indicado estampado no pacote de fraldas e escolher o tamanho apropriado para o seu bebê. Mas são suposições como essa que a fazem ficar no fundo da igreja encharcada de xixi (ou pior), com um bebê pelado em seus braços.

   A verdade é que cada marca tem seu próprio sistema de tamanho, o que significa que, enquanto uma pode ser perfeita para as coxinhas gordinhas do seu bebê, outra pode apresentar uma abertura justamente no lugar errado e causar um número excessivo de incidentes. Ou vice-versa. Aconselho que você compre pacotes pequenos de cada tipo e veja qual das fraldas serve perfeitamente antes de comprar um pacote tamanho família. Uma vez que encontrou sua marca, permaneça fiel a ela. Não faz sentido arriscar a beleza do seu lindo tapete branco só para descobrir que a mais nova superfralda não é tão boa quanto a sua velha marca de fraldas.

2. **Certifique-se do seu estoque antes de iniciar uma troca de fraldas.** Semana passada, meu bebê de um ano de idade (meu *terceiro* bebê) sujou as fraldas, e eu o coloquei na mesa e tirei sua fralda e a joguei no lixo antes de perceber que (a) eu estava sem lenços e (b) que os últimos lenços estavam no andar de baixo na área de serviço.

   Peguei meu bebê e o segurei com os dois braços esticados na minha frente enquanto descia correndo para o andar de baixo. Tudo correu bem até quando estava subindo a escada, quando Will decidiu que este era o momento perfeito para fazer xixi, pois estava peladinho e exposto ao ar frio. E já que eu estava correndo e gritando enquanto ele fazia xixi, ele não molhou apenas um espaço restrito do chão, mas se espalhou em mim, na parede, no tapete e no bebê.

   O que estou tentando dizer? Você pode evitar tudo isso fazendo duas coisas: 1) Mantenha a mesa de troca e qualquer outro lugar onde você costuma trocar as fraldas do seu bebê bem-equipados com todas as coisas que você precisa para a hora da troca — fraldas, lenços e pomada —; e 2) sempre verifique se você tem tudo à mão antes de tirar as fraldas sujas do bebê.

3. **Esteja preparada.** A capacidade de manter seu depósito de fraldas abastecido sempre e preparado para qualquer tipo de emergência é uma arte dominada apenas

pelas mães mais avançadas (veja "O bê-á-bá da troca de fraldas" na próxima página). Acredite em mim. Nem mesmo eu consegui descobrir exatamente como isso é possível. Mas por mais complicado que seja, tentarei explicar isso da forma mais simples possível para que você possa pelo menos começar a entender com o que está lidando aqui:

1º passo: Abra sua bolsa de fraldas.

2º passo: Coloque nela algumas fraldas, um recipiente com lenços, uma colcha para trocar fraldas, uma pomada e uma troca de roupas.

3º passo: Coloque esta bolsa no bagageiro de seu carro ou no carrinho, ou pendure-a em seus ombros para que ela a acompanhe para onde quer que você vá.

Três passos simples que já derrubaram muitas supermães. Três passos simples que já causaram centenas de lágrimas de frustração e horas e horas passadas na lavanderia. Três passos simples. Meu conselho: pratique-os, amiga. Pratique-os diariamente. Faça, desfaça e faça a bolsa. E algum dia você pode ser uma daquelas pessoas que jamais é vista em público sem qualquer produto que precisa para trocar a fralda de seu bebê. Boa sorte.

Como dominar a arte de trocar fraldas

Trocar fraldas não é a atividade mais glamorosa do mundo, — mas alguém precisa fazê-la, e esse alguém é você. E agora, ao encerrar este capítulo, quero deixá-la com uma mensagem inspiradora — uma mensagem com a qual espero poder motivá-la a se esforçar e se transformar na melhor trocadora de fraldas possível. Se você dominar essa arte, seu bebê não ficará apenas limpo, mas também confiante — confiante de que você o limpou e trocou da melhor forma possível e de que agora você o está deixando ir ao parque limpinho e prontinho para brincar. Para brincar com as crianças limpas.

E para lhe dar alguma meta, encerrarei este capítulo com quatro movimentos avançados para trocar fraldas. Movimentos que, com a prática e a elegância da mãe cristã, você também poderá dominar. Você consegue, ó heroína dos Huggies e conquistadora do campeonato das fraldas. Você consegue.

O bê-á-bá da troca de fraldas: movimentos avançados

Para a mãe que quer ser a melhor

1. **O samba do desinfetante**. Conseguir fazer com que o processo de desinfetar suas mãos após uma troca de fraldas se pareça com uma pequena dança que faça seu bebê sorrir.

2. **A previsão da gordurinha**. O instinto de saber que seu bebê está prestes a exigir outro tamanho de fraldas antes de você comprar aquele pacote tamanho família de fraldas do tamanho antigo.

3. **O equipamento de múltiplas estações**. A arte de manter seu estoque de fraldas abastecido — cestos decorativos equipados com todos os produtos necessários para trocar a fralda do seu bebê — espalhado pela casa inteira e em seu carro para que você nunca precise percorrer uma distância grande para trocar a fralda do seu filho.

4. **A troca de fralda relâmpago**. A capacidade de cobrir um fluxo surpresa de xixi — normalmente de um bebê do sexo masculino — com uma fralda nova antes que ele encharque a sua blusa.

Capítulo 8

Equipe-se

Tudo que você precisa (e algumas coisas que não precisa) para o bebê

No meu livro sobre a gravidez, eu disse que, na verdade, bebês precisam apenas de quatro coisas: fraldas/lenços, um assento infantil para o carro, um lugar para dormir e algo para vestir. E enquanto sua sogra ainda deve estar tentando convencê-la que estou errada e que um bebê precisa de sapatinhos de salto alto hilários (sim, isso existe), continuo leal à minha afirmação original: seu bebê não precisa da maioria das coisas que a loja de bebê afirma ser indispensável.

Estou, porém, disposta a admitir que existe uma linha tênue entre "precisar" e "minha vida seria muito mais fácil se eu tivesse isso e aquilo". Em um momento ou outro da minha carreira de criar bebês, comprei, emprestei ou burlei praticamente tudo que conseguia atribuir a essa segunda categoria. Pois sabe de uma coisa? Eu gosto de conveniência. E se algo facilitar a minha vida, encontro um jeito de convencer meu marido que eu preciso daquilo. Mesmo quando não é verdade.

Então, para resumir: minha opinião totalmente confusa sobre produtos para bebês é que, apesar de você precisar apenas de quatro coisas para sobreviver ao primeiro ano de maternidade, existem muitas coisas que facilitarão bastante sua vida com seu bebê. E visto que essas coisas facilitarão sua vida e visto também que a última coisa que você precisa é ficar estressada com seu bebê novinho em folha, aquelas coisas que, na verdade, não precisa de repente se transformam em coisas que você provavelmente precisa. Faz sentido?

Para encerrar este capítulo o mais rápido possível para liberá-la para ir correndo para o shopping, reuni uma lista com o equipamento "essencial" para seu bebê (sim, tive que colocar *essencial* entre aspas por causa da minha teoria das quatro coisas) para cada fase do primeiro ano do seu bebê. De forma alguma, trata-se de uma lista exaustiva — você precisará de mais coisas, independentemente do que pessoas como eu digam — mas pelo menos a ajudará a comprar o indispensável. Quanto ao resto, bem, pode contar com sua sogra, que certamente dará sua opinião neutra.

A lista de equipamentos "essenciais" para o primeiro ano de vida do seu bebê

Produtos "essenciais" para recém-nascidos

1. **Uma faixa**. Após passar nove meses confinado em um espaço minúsculo, você pensaria que seu bebê iria querer esticar as perninhas. Mas não. A maioria dos recém-nascidos se sente absolutamente confortável quando

aninhados de forma apertada, como estiveram no útero da mãe, e a melhor maneira de reproduzir essa sensação é enfaixar seu bebê com uma faixa especial.

2. **Um balanço.** Existe um motivo pelo qual balançar um bebê é o procedimento padrão para acalmá-lo — funciona. Sei que você adora segurar e balançar seu pequenino, mas haverá momentos em que um balanço terá que assumir essa tarefa para que você possa tomar um banho ou preparar um sanduíche ou cochilar um pouco.

3. **Uma chupeta.** É claro escrever *chupeta* seria absolutamente suficiente; mas já que estamos falando de coisas "essenciais" e não de coisas essenciais, decidi aumentar o nível um pouco. Existem chupetas com um pequeno bicho de pelúcia preso a elas. Basicamente servem para dar uma aparência superfofa ao seu bebê (algo que ele já possui). Mas visto que o bichinho se deita sobre o peito do seu bebê, ele também ajuda a manter a chupeta na boca de seu recém-nascido. O que garante uma probabilidade maior de ele cair no sono com a chupeta na boca do que acordar chorando quando a chupeta cair no chão.

4. **Uma banheira de bebê.** Sim, a pia da cozinha serviu perfeitamente às suas necessidades quando você era um bebê — a presença de facas superafiadas não importava — mas já que estou exagerando totalmente e apresentando todos os itens de luxo para seu bebê, acho que posso sugerir também uma pequena banheira de plástico para ele: para que possa dar um banho no seu filhinho e tirar fotos do primeiro banho sem que você precise se preocupar com coisas superafiadas. Somos uma geração excessiva, não somos?

5. **Um canguru**. Na verdade, não tenho uma opinião fixa sobre o tipo que você deve usar. E enquanto cada um tem suas vantagens e desvantagens — pergunte às suas amigas se precisar de mais informações — o importante aqui é que se você entrar com bebê em algum tipo de carregador, terá suas mãos livres para fazer coisas como lavar louças ou se maquiar, com ele colado em você.

6. **Um telefone com uma câmera de vídeo**. Confie em mim: você não vai querer perder a cena quando seu bebê começar a fazer coisas tão fofas como ficar deitado numa coberta sem olhar para nada específico. E uma vez que você capturou todas essas coisas ridiculamente fofas, precisará enviar esse vídeo à todas as 84 amigas na sua lista de contatos. Acredite: as pessoas adoram esse tipo de coisas — sua sogra com certeza.

Produtos "essenciais" para bebês entre 3 e 6 meses de idade

1. **Um reclinador**. Quando você acha que finalmente conseguiu convencer seu marido de que o velho reclinador verde que ele encontrou à beira da estrada em seus dias de solteiro não é apropriado para uma casa com crianças, vou tentar convencê-la do contrário. Mas quero assegurá-la de que não se trata daquilo que você imagina. Bebês na idade de três a seis meses gostam de se reclinar, relaxar e observá-la fazendo as coisas que você faz. Eu tinha um reclinador para os meus bebês e gostava muito dele, pois podia dobrá-lo e levar para qualquer lugar. Minha amiga Christy afirma que gostava do que ela tinha — chamado afetuosamente por seu marido "cama de cachorro do bebê" —, pois era um lugar simples e seguro para seu bebê tirar uma soneca.

2. **Um carrinho de bebê**. Eu costumava pensar que um carrinho era um lugar seguro e confortável para o meu bebê sentar. Mas eu estava enganada. Pois agora sei que o propósito do carrinho de bebê é providenciar um lugar onde você possa depositar sua bolsa, as chaves do carro, seu celular e seu café — de forma que você possa alcançar todas essas coisas com facilidade quando precisar delas. Então, quando você for comprar seu carrinho de bebê, esqueça aspectos como conforto para bebê, espaço para suas perninhas e foque em vez disso no que realmente importa — espaço para bolsas e apoio para copos. Se o carrinho oferecer tudo isso, compre-o.

3. **Uma cadeirinha alta**. Quando seu bebê começar a comer alimentos sólidos, sugiro que você desista do método "segurar o bebê no colo enquanto a mãe enfia comida em sua boca" e opte por uma cadeirinha alta. Tenho duas regras para comprar uma cadeirinha alta: 1) Compre algo pequeno ou — no mínimo — dobrável. Se sua cadeirinha alta ocupar mais espaço do que a mesa de jantar, aposto que você se arrependerá de sua compra. 2) Compre algo lavável. Não importa o quão fofa seja a cadeirinha com pregas que você viu na loja; uma vez que seu bebê a sujar com purê de batata e sopa de ervilhas, ela deixará de ser fofa. Ficará manchada. Compre algo de plástico ou vinil que você pode limpar rápida e facilmente e com uma única mão.

4. **Uma babá eletrônica com vídeo**. Eu ri da minha irmã Alisa quando ela comprou uma babá eletrônica com vídeo. Primeiro apresentei todos os meus créditos e diplomas como perita de equipamentos para bebê, depois expliquei que, sem dúvida alguma, ela ouviria os gritos de seu bebê e que gastar seu tempo de folga o observando dormir era um desperdício total de tempo, que ela poderia usar de forma muito mais produtiva, por

exemplo, para comer bolo de chocolate. Mas Alisa não me deu ouvidos e ficou com o aparelho. E então teve a ousadia de me deixar usá-lo quando cuidei de seu filho certa noite. Evidentemente, coloquei o monitor na bancada e jurei não olhar para ele. Mas então ouvi seu bebê se mexer e dei uma olhadinha que então se transformou numa sessão de filme. É claro que gastei imediatamente R$ 500,00 para comprar minha própria babá eletrônica com vídeo. Foi maravilhoso poder assistir como meu filho se revirava em seu berço e jogava o cobertor no chão. Esse foi o melhor investimento em equipamento "essencial" para meu bebê.

5. **Um smartphone**. Você deve imaginar que os brinquedos barulhentos que seu supermercado vende fariam um tremendo sucesso com seu filho. Mas você está enganada. Pois os únicos brinquedos que conseguem atrair a atenção do seu bebê por mais de 12 segundos são os brinquedos que você não quer que ele toque. Brinquedos como seu iPhone, o controle remoto e seu ferro de passar roupa. Por isso — e é aqui que se revela toda a sabedoria da mãe cristã — em vez de esconder seu iPhone e dizer a seu bebê que ele não pode tocá-lo, coloque-o meio metro na frente do seu bebê e use-o para motivar seu bebê a engatinhar. Inteligente, não acha? (Observação: Quando ele aprender a engatinhar e conseguir alterar as configurações e a senha do seu iPhone, você terá que se virar sozinha. Você não pode esperar que eu saiba *tudo*.)

Produtos "essenciais" para bebês entre 6 e 12 meses de idade

1. **Um centro de atividades**. É um assento rodeado de vários brinquedos musicais e eletrônicos que seu bebê achará muito interessante durante muito tempo — 15

minutos, mais ou menos. O que significa que esse produto lhe dará 15 minutos para fazer coisas malucas, até então impossíveis, como encher a máquina de lavar com a roupa suja ou lavar a louça. Você também precisa de um desses, não precisa? Pergunte ao senhor Google agora mesmo. Se você encomendar um pelo *Amazon.com*, ele será entregue em mais ou menos duas semanas.

2. **Um andador de empurrar**. Um desses lhe ajudará a produzir vídeos altamente populares do tipo "meu bebê está quase andando" para você publicar no Facebook, mas realmente pode ajudar seu bebê a aprender a andar. Evidentemente, é uma pergunta totalmente diferente se você quer — ou não — que ele aprenda a andar aos nove meses de idade.

3. **Um carrinho de bebê para atividades ao ar livre**. Eu sei que já a instruí a comprar um carrinho de bebê normal, mas quando seu bebê tiver seis meses, sugiro que compre um carrinho especial que lhe permita fazer coisas divertidas, como ir ao parque em sua roupa de academia e levar todo mundo a crer que você está toda suada porque você acaba de completar uma corrida de 10km.

4. **Um assento infantil conversível**. Chegará um dia — quando seu bebê tiver nove ou dez meses — em que dirá às suas amigas que não precisa de aulas de Pilates porque carregar o canguru do seu bebê já é exercício suficiente. E esse é o momento em que você deve pensar em comprar um assento infantil conversível. Pois por mais conveniente que seja colocar e tirar seu bebê do carro em seu assento, é bem mais inconveniente ter que lidar com um braço doído.

Como conseguir o equipamento que você precisa

Então, a fim de estar completamente preparada para qualquer situação com a qual possa se deparar como mãe de um bebê, você terá que gastar uns 30 mil reais em equipamento de bebê e mais 40 mil reais para reformar sua casa para criar espaço para guardar todo esse equipamento. Simples, não é? Ah, você não tem 70 mil reais sobrando? E não pretende reformar sua casa para que ela se pareça com uma loja de bebê? Bem, eu também não.

Quando meu primeiro bebê nasceu, gastei muito dinheiro com equipamentos de bebê. E grande parte desse dinheiro foi gasta à toa, pois meu filho usou esses equipamentos apenas durante dois meses e nunca mais tocou nele. Por isso, quero encerrar este capítulo com algumas dicas de como conseguir esse equipamento sem que você tenha que procurar um segundo emprego. Pois acredite em mim: você não teria forças nem energia para isso.

Dez maneiras de pedir, roubar e pegar emprestado equipamentos de bebê

1. Publique no Facebook uma lista das coisas que você gostaria de emprestar. Eu fiz isso após o nascimento de Will e consegui um balanço emprestado em uma hora. E algumas pessoas ainda acreditam que Facebook é uma perda de tempo...

2. Vá a uma venda de consignação. Consegui comprar um *Arm's Reach Co-Sleeper* de 150 dólares por 20 dólares na venda de consignação da nossa associação de mães de filhos pré-escolares e ainda me gabo disso.

3. Vá a feiras de rua.

4. Compre na *Craigslist.com*.

5. Peça às amigas itens que elas não usam mais.

6. Peça à avó para comprar.

7. Troque itens com sua amiga que tem um filho numa idade diferente. Você fica com o centro de atividades, e ela pode ficar com a banheira.

8. Visite os sites de lojas e fique de olho em suas promoções.

9. Devolva as coisas que recebeu no chá de bebê, mas que você não precisa (por exemplo, os 27 macacões de bebê adoráveis, mas totalmente inúteis) e troque por coisas que precisa.

10. Fique de olho nos sites de compra coletiva.

Nem sempre você tem o que quer

Se nosso orçamento limitado não tivesse me impedido, eu teria uma casa cheia de equipamento superlegais e caros que eu teria usado 12 vezes e depois guardado. E isso teria sido maravilhoso. Durante 12 minutos. Mas adivinha só: sobrevivi a três filhos sem um carrinho da Bugaboo. Por isso, se o equipamento de bebê realmente estiver pesando em seu orçamento, sugiro que releia este capítulo lembrando-se daquilo que é realmente essencial. Pois tecnicamente você só precisa de um lugar onde seu bebê possa dormir, algum lugar onde seu bebê possa fazer cocô, algo em que ele possa viajar e algo que ele possa vestir. Quanto ao resto, bem, minhas amigas, nem sempre você tem o que quer.

Capítulo 9

Número do apoio médico

Um convite para ser uma mosca na parede do consultório do seu pediatra

Olá! Entre e fique à vontade! Quero convidá-la oficialmente a se juntar a mim para bisbilhotar o que acontece num típico consultório de pediatra. Espera aí. Isso parece medonho. Quero dizer que não possuo o conhecimento técnico nem para instalar uma proteção antivírus em meu computador, então as chances de eu conseguir instalar aparelho de escuta são mínimas. Mas eu sei que mães em toda parte do mundo — mães como eu que desesperadamente se esforçam a fazer as escolhas certas quando se trata da saúde de seus filhos — adorariam ter acesso rápido a informações médicas inteligíveis. E posso pelo menos ajudá-la a obter as primeiras informações ajudando-a a espionar o dia a dia de profissionais da área de saúde que — diferente de mim — realmente sabem do que estão falando quando se trata da saúde de seu bebê.

Bem, provavelmente não preciso dizer que os conselhos médicos deste livro não podem nem devem substituir o conselho e o conhecimento de um médico qualificado que você conheça e confie. Pois a saúde de seu bebê é importante demais para confiá-la a um livro ou a um fórum on-line possivelmente operado por adolescentes em Bermuda. Por isso, se você estiver preocupada com a saúde do seu filho — por qualquer motivo —, deve falar imediatamente com seu pediatra.

Eu sempre tenho o número das enfermeiras do meu médico na discagem rápida, e ligo para ele com bastante frequência. As enfermeiras, Ethel e Natalie, sempre souberam dizer prontamente se meu bebê precisava apenas de um abraço ou de uma ida noturna ao consultório do médico. Na verdade, liguei para elas na noite passada, após meu filho Joey, de seis anos, ter sido picado três vezes por escorpiões enquanto brincava na piscina inflável. E após uma ligação em pânico para Natalie, durante a qual eu já estava preparando a mala para o hospital, descobri que picadas de escorpião (pelo menos dos escorpiões aqui no Texas central) não são piores do que picadas de abelha. Quem teria imaginado isso? Fato é que, ao ligar para o meu médico, consegui acalmar meu pânico e evitar uma viagem para a emergência. Uma hora mais tarde, após um banho frio, ele já estava bem de novo.

Portanto, meu conselho mais importante referente à saúde do seu filho é que você ligue para o seu médico. Agora, se quiser apenas ter uma ideia geral de cuidados pediátricos — ou ter certeza de que a pequena irritação no dedo do seu bebê é realmente apenas uma pequena mancha no dedo do seu bebê e não uma doença tropical rara — você veio para o lugar certo.

Descanso para a mãe

Para quando você estiver orando pela saúde de seu bebê

Não andem ansiosos por coisa alguma, mas em tudo, pela oração e súplicas, e com ação de graças, apresentem seus pedidos a Deus. E a paz de Deus, que excede todo o entendimento, guardará os seus corações e as suas mentes em Cristo Jesus.

Filipenses 4:6-7

Deus, meu Senhor, é tão fácil ficar ansiosa em relação à saúde do meu bebê! Quero que ele tenha uma vida longa e saudável, e é tão fácil ficar preocupada quando ouço uma tosse ou percebo alguma dor. Senhor, protege esta vida preciosa. Dá-lhe força e saúde. E dá-me a paz que provém da confiança em ti. Amém.

A sala de espera

Antes de entrarmos no consultório propriamente dito — onde acontecem as coisas realmente divertidas —, faremos uma breve parada na sala de espera. A primeira coisa que você perceberá é que existem duas salas de espera — uma para crianças doentes e outra para crianças saudáveis. Gosto dessa ideia em teoria, pois significa que, quando meus filhos estiverem fazendo uma consulta apenas para ver se está tudo bem, posso relaxar e abrir mão de minha rotina de limpar tudo que meus filhos possam tocar com lenços desinfetantes e simplesmente me sentar e esperar na sala de espera.

Mas como todas as ideias teoricamente boas, essa também tem um porém: as pessoas não obedecem às regras. E isso me leva à loucura. Na semana passada, eu estava sentada nesse paraíso para crianças saudáveis quando ouvi a voz de uma mulher lá fora. Ela disse: "Vamos nos sentar na sala de espera para as crianças saudáveis para que a nossa filha não pegue alguma outra doença. Ela já está doente e não precisa ser exposta a outras doenças." Eu quis impedir sua entrada dizendo: "Ouça bem, minha senhora. Passei os últimos dez minutos esterilizando a vida do meu filho para evitar que ele fique doente, e não vou permitir que você ameace a saúde dele com seu esquema, portanto, leve sua filha para a sala de espera das crianças doentes e fique ali." Mas não fiz isso. Em vez disso, peguei meu filho e me escondi dela no corredor, orando para que meu médico viesse logo.

O que estou dizendo é que talvez você imagine a sala de espera das crianças doentes como um laboratório cheio de germes prontos para atacar seu bebê — e a sala de espera das crianças saudáveis como uma bolha de pureza. A verdade é que as duas salas não são tão diferentes uma da outra. É muito provável que em algum momento dos últimos dias uma criança doente esteve em ambas as salas e ambas tenham sido desinfetadas durante os últimos dias. Sugiro que escolha a sala correta para seu filho (a sala para crianças saudáveis se seu filho não estiver doente, e a sala para crianças doentes se ele estiver com alguma doença), aplique algum gel desinfetante e não entre em pânico sobre a possível exposição de seu bebê a eventuais germes.

A estação de pesagem

Sua primeira parada após a enfermeira chamá-la e tirá-la da terra dos germes é a estação de pesagem. Enquanto o seu encontro pessoal com a senhora Balança é tema de seus pesadelos, você antecipa ardorosamente o encontro do seu bebê com a senhorita Balança de Bebê. Pois enquanto a senhora Balança é má e chata e sempre a atormenta por causa da festinha de sorvete à meia-noite na semana passada, a senhorita Balança de Bebê é uma doçura. Na verdade, após o encontro com ela, você terá muito que contar na creche da igreja, e ela costuma assegurá-la de que seu bebê está crescendo maravilhosamente bem.

Se estiver fazendo uma visita ao pediatra porque seu bebê está doente, a enfermeira provavelmente pedirá que você coloque seu filho com roupa e tudo na balança para obter uma pesagem aproximada, para que seu médico possa receitar um remédio na dosagem correta.

Mas se estiver no consultório para fazer um *checkup*, você passará um pouco mais tempo com a senhorita Balança de Bebê. Num cenário típico, a enfermeira mede o tamanho da cabeça do seu filho com uma fita métrica para verificar se o crânio está se desenvolvendo adequadamente, depois mede o tamanho do seu bebê para verificar se ele está crescendo como deve. Isso pode ser complicado. No *checkup* de nove meses do meu filho Will, ele ficou esperneando tanto que a enfermeira precisou da minha ajuda para segurá-lo. A luta deve ter dobrado a fita métrica, pois quando o médico comparou a medida com o quadro de crescimento, Will de repente cresceu muito. Sabíamos que algo estava errado, pois até então seu tamanho sempre havia sido mediano.

Após medir o tamanho do seu bebê, começa a parte realmente divertida. A diversão começa com um pedido bem simples: "Por favor, tire as roupas do seu bebê, inclusive as fraldas, para que eu consiga aferir seu peso correto." Palavra-chave: fraldas. Enquanto você tira as meias e depois macacão, a batida do seu coração dispara, seu corpo entra em modo de "luta ou fuga", preparando-se para a operação relâmpago de colocar e tirar seu bebê da balança e colocar a fralda de volta antes que ele tenha a chance de encharcar você, a enfermeira e o lindo pôster com o ursinho de pelúcia (que alguma maluca pendurou bem acima da balança) com seu xixi. E caso ele seja igual aos meus — especialmente os meninos (mas minha filha também contribuiu com alguns incidentes de xixi na balança) —, você fracassará completamente. Pois ficar sem fraldas num lugar novo com o ar fresquinho do consultório do pediatra costuma, bem, *inspirar* um bebê.

É claro que a enfermeira trará alguns lenços de papel para você limpar a sujeira e devolver à senhorita Balança de Bebê seu estado de pureza original. Pelo menos até o próximo bebê repetir todo o cenário. Depois disso, você pode ir para as salas de exame e se preparar para encontrar o médico.

O checkup

Fazer o *checkup* do seu bebê provavelmente será a única vez em que você sentirá prazer em ir ao pediatra. Pois seu médico dará a você (quero dizer, ao seu bebê) um adesivo e — se você for realmente boazinha — um pirulito, e ele comentará todas as coisas maravilhosas sobre seu bebê, como seu desenvolvimento, crescimento e aprendizado, vêm progredindo.

Provavelmente, a consulta começará com algumas perguntas rápidas sobre o que seu bebê anda fazendo e como ele está comendo e fazendo cocô. E mesmo que você se sinta tentada a relatar alguns fatos ("Meu bebê já está matriculado num curso de chinês e está fazendo calistenia com um *personal trainer*"), isso é totalmente desnecessário. O médico não está fazendo essas perguntas para descobrir se você deve ser nomeada para o prêmio de mamãe do ano (é claro que você deve ser), mas para saber se seu bebê está fazendo, comendo e defecando todas as coisas que ele deveria estar fazendo, comendo e defecando em sua idade.

Após verificar essas coisas básicas, ele examinará seu bebê da cabeça aos pés. Ele examinará os olhos, os ouvidos, a garganta, o quadril, as partes íntimas e o estômago, só para garantir que tudo está em perfeito estado. Depois, pedirá que seu bebê execute alguns truques — coisas como levantar a cabeça, ficar sentado sem ajuda, bater palmas, acenar, balbuciar ou ficar de pé. Isso pode ser motivo de orgulho — meu filho Will adora proporcionar um espetáculo ao médico, e quando o médico diz algo como "Você pode fazer tchau-tchau?", ele fica com um sorriso cheio de si estampado e acena como um astro de Hollywood. É isso aí. Meu bebê é o melhor acenador da cidade. E meu médico é testemunha disso.

Meu filho Joey? Nem tanto. Ele tem seis anos. E visto que já passou por um ano inteiro de jardim de infância, tenho certeza que ele sabe acenar. Mas sei que, se o médico o pedisse para acenar, Joey olharia como se acabasse de pedir para resolver uma equação quadrática. Pois ele não gosta de se gabar na frente do médico. E não há nada de errado nisso. Pois apesar de seu pediatra querer saber se seu bebê é capaz de fazer coisas como levantar a cabeça, sentar, bater palmas, acenar, balbuciar e ficar de pé, ele também acreditará se você lhe disser que ele consegue fazer tudo isso em casa — mesmo que não o faça no consultório. Ufa.

Após o show do seu bebê, o médico responderá às suas perguntas (não, você não precisa ficar preocupada se seu bebê ainda não consegue dizer "unicórnio" aos seis meses de idade) e preocupações (sim, é normal que o cocô do seu bebê apresente cores entre amarelo e marrom), e então a dispensará. Bem, quase. Há ainda uma coisa a ser resolvida: as vacinas.

Vacinas

A última coisa que acontecerá no *checkup* de seu bebê é (muito provavelmente) a vacinação. Quero deixar claro desde já que não me envolverei no debate sobre vacinas, em parte porque não sou médica e não acho que tenha autoridade para falar sobre esse tema, mas principalmente porque não quero receber um monte de e-mails enfurecidos. E pronunciar sua opinião sobre vacinas na presença de pais é comparável a falar sobre Google Plus na presença de nerds. Você. Não. Vai. Querer. Fazer. Isso.

No entanto, posso lhe dizer que existem muitas pessoas com muitas opiniões diferentes sobre vacinas. E mesmo não podendo lhe fornecer informações detalhadas sobre rotinas normais de vacinação versus rotinas atrasadas de vacinação versus "Eu vou fazer isso do meu jeito e espero que todas as outras mães também vacinem", posso lhe dizer uma coisa: fique longe da internet. O senhor Google não é uma fonte confiável quando o assunto é o debate sobre vacinas. Sim, você encontrará muitas informações valiosas, mas existem também muitos loucos estranhos (perdão) que contam histórias falsas ou meias verdades sobre vacinas. Sugiro que (sim, você já deve ter adivinhado) fale com seu médico se deve ou não vacinar seu bebê.

Se você decidir vaciná-lo (como eu; não me odeie por causa disso), ele receberá algumas vacinas a cada *checkup* durante o primeiro ano de sua vida. Isso é muito traumático — para você. Seu bebê provavelmente nem perceberá muita coisa. Mas não faz mal dar algumas gotas de analgésico pediátrico para diminuir a dor ou distraí-lo com uma chupeta mergulhada em água com açúcar (seu médico poderá lhe fornecer isso, você só precisa pedir). O suborno com açúcar funciona bem em todas as idades, portanto, por que não ensiná-lo desde cedo? Estou brincando. Um pouco.

Fato é que seu bebê irá chorar por — no máximo — três minutos (pode cronometrar se não acreditar em mim) e então você poderá vesti-lo, pegar seu pirulito e voltar para casa.

Doenças comuns de bebê

Lamento ter que dizer isso, mas mesmo se você conseguiu posicionar um frasco gigante de gel antisséptico em cada quarto e mesmo que peça a qualquer pessoa que se aproxime de seu filho a lavar suas mãos, seu bebê ficará doente. E, mesmo que ter um bebê doente seja totalmente triste e desperte em você o desejo de colocá-lo numa bolha e não permitir que saia dela pelo resto de sua infância, quero assegurá-la de que, muito provavelmente, tanto você como seu bebê ficarão bem. É verdade. Aqui está uma lista das doenças mais comuns que podem surgir durante o primeiro ano:

- **Inflamação na orelha**. Meu filho Will teve algo em torno de um milhão de otites (ou talvez apenas sete) nos últimos meses — e sempre sei que ele pegou outra quando fica inquieto enquanto mama. Normalmente, ele ama meu leite, mas aparentemente se deitar nessa posição com ouvidos infeccionados causa dor. Seu bebê também pode começar a puxar a orelha, acordar no meio da noite ou reclamar quando você o deita.

- **Resfriados**. Agora você pode ainda estar jurando que seu filho jamais andará por aí com uma crosta de meleca em torno do nariz como outros bebês, mas no final do primeiro resfriado, garanto que você ignorará o fluxo contínuo de muco que sai do nariz dele. E não hesitará um segundo sequer antes de limpar o nariz do seu filho com a manga da blusa dele, com a manga de sua própria blusa ou com qualquer material semiabsorvente ao alcance de sua mão. Pois você é uma mãe. E é isso que mães fazem.

- **Febre**. Febres podem ser assustadoras — especialmente em recém-nascidos. Minha filha Kate teve que passar uma semana no hospital quando tinha só duas semanas de idade por causa de uma febre de 38 graus. Ela acabou ficando bem, mas os médicos levaram isso muito a sério. Como regra geral: se seu filho tiver menos de dois meses de idade e tiver uma febre acima de 38 graus, leve-o à emergência imediatamente. Se seu bebê tiver passado dos dois meses e apresentar uma temperatura elevada, ligue para o seu médico, mas não vá para a emergência imediatamente.

- **"Sapinho" (candidíase oral)**. A candidíase oral é completamente indolor para seu bebê — o que é bom —, mas pode ser muito doloroso para uma mãe que amamenta. Trata-se de uma infecção fúngica na boca do bebê que pode causar uma inflamação extrema nos mamilos da mãe. Se você estiver enfrentando dificuldades na amamentação por causa de fissuras mamares —, principalmente se você já tiver passado das duas semanas iniciais de amamentação ou se a dor já tiver passado e agora voltou —, verifique o interior da boca do seu bebê. Se encontrar uma camada branca parecida com leite que você não consegue tirar, fale com seu médico.

- **Vômito**. De vez em quando seu bebê golfará — às vezes, uma refeição completa. Isso é absolutamente normal. Mas se ele de repente expelir vômito e sujar a parede do outro lado do quarto, isso já não é normal. Sugiro que ligue para seu médico. A golfada em si não costuma ser um problema, mas bebês são pequenos e podem ficar desidratados rapidamente, por isso, seja proativa mantendo seu bebê hidratado.

- **Diarreia**. É um pouco difícil diagnosticar diarreia num bebê, pois as fezes de um bebê costumam ser moles e líquidas. Você sabe que deve ficar preocupada quando o volume de cocô aumentar. Tipo: você costuma gastar três fraldas por dia e, de repente, precisa trocá-las 15 vezes ao dia. Nesse caso, você deve falar com o médico.
- **Laringotraqueobronquite**. Essa é provavelmente a única doença que você consegue diagnosticar sem a ajuda de seu bebê. Se ouvir algo parecido com o latido de um leão-marinho, seu bebê tem laringotraqueobronquite. O latido é inconfundível — e apesar do som terrível, a doença em si não é tão assustadora assim. A melhor cura é pegar seu bebê e entrar com ele num chuveiro quente (ou ficar no banheiro com a porta fechada e o chuveiro ligado) e segurá-lo para que ele inspire o vapor quente. Mas atenção: se você ouvir seu bebê fazendo um barulho estridente (um barulho de vários latidos seguidos por um som de apito), você deve ligar imediatamente para o seu médico.
- **Cólicas**. A definição oficial de uma cólica pode ser o caso de um recém-nascido saudável e bem-alimentado que chora por mais de três horas por dia, durante mais de três dias por semana, durante mais de três semanas. Sim, basicamente quer dizer que seu bebê está chorando. Muito. E não há nada que você tenha feito ou esteja fazendo que cause este choro. Creio que seja reconfortante saber que seu bebê está absolutamente bem e que você não está cometendo nenhum erro terrível enquanto lida com o choro constante dele, mas é também bastante frustrante saber que não há muito que se possa fazer. Por isso, pegue seus

fones de ouvido e uma faixa para o bebê e siga em frente, amiga. E não se esqueça de pedir alguém para cuidar dele quando você estiver exausta. A boa notícia é que as cólicas costumam desaparecer durante os primeiros meses de vida do seu bebê.

- **Icterícia**. Se você quiser uma explicação técnica: icterícia é causada por um aumento de bilirrubina — uma substância química que quebra os glóbulos vermelhos em seu corpo — e na corrente sanguínea do seu bebê. Bem, você pode perceber que a pele do seu bebê fica amarelada (ou mais amarela) durante os primeiros dias de sua vida. Seu médico estará atento a isso, mas se a pele do bebê parecer amarela para você, ligue para o seu médico — só para ter certeza. Em alguns casos extremos, é preciso fazer fototerapia. Confesso que não faço a mínima ideia de como isso funciona, mas basicamente consiste em colocar seu bebê numa caminha de bronzeamento artificial, e a luz azul ajuda a remover a bilirrubina da sua corrente sanguínea. Outra maravilha da medicina moderna.

Idas à emergência no meio da noite

Minha amiga e eu costumamos brincar (ok, contemplar seriamente) que, se pudéssemos fazer amizade com uma médica ou pediatra que trabalha na emergência do hospital, isso seria muito conveniente... para nós, pelo menos. Em vez de ficar pensando se você deve ou não ir para a emergência com seu bebê, poderia simplesmente acordar sua amiga médica no meio da noite e perguntar a ela o que fazer. Além do mais, eu me sentiria bem mais à vontade se tivesse uma médica presente enquanto nossos filhos brincam no parque ou andam de bicicleta.

Evidentemente, se você não tiver uma médica como melhor amiga, a melhor coisa que pode acontecer é que um médico lhe explique o bê-á-bá de como cuidar de um bebê. No ano passado, fiz muitas anotações quando o médico de emergência Jeremy Gabrysch veio fazer uma palestra para nosso grupo da associação de mães de crianças pré-escolares. Ele nos ensinou a diferença entre emergências verdadeiras, tão graves que você precisa sim ir à emergência às duas da manhã, e simulações do tipo "seu filho só sujou as mãos com ketchup".

Jeremy nos apresentou todas as razões pelas quais devemos — ou não — ir à emergência, mas creio que a coisa mais reconfortante que ele disse é que os médicos esperam receber ligações noturnas de pais preocupados. E que sempre que houver alguma dúvida, você pode e deve pegar seu telefone e ligar — pois é sempre melhor ter certeza do que passar a noite inteira se preocupando ou arriscar a saúde do seu bebê. Ele também nos garantiu que muitos dos mal-estares que deixam os pais em pânico — como febre alta — raramente são emergências.

Mas se você quiser uma lista para colocar na porta da geladeira, então sugiro que vá e faça amizade com uma médica, pois não compartilharei a minha. Estou brincando. Apesar de não ser abrangente, esta lista me ajudou a determinar a diferença entre uma emergência real e um momento de preocupação materna.

Razões pelas quais você deve procurar uma emergência no meio da noite:

- Seu bebê tem menos de dois meses de idade e apresenta uma febre acima de 38 graus.
- Seu bebê ficou inconsciente após uma queda.
- Seu bebê está vomitando repetidas vezes após uma queda.
- Seu bebê bateu a cabeça e, em vez de um galo, está com um buraco na cabeça.

- Seu bebê está tendo uma convulsão.
- Seu bebê está vomitando ou com diarreia, mas não molhou uma fralda há oito horas.
- Seu bebê está letárgico ou não reage.
- Seu bebê tem uma fratura exposta ou um braço ou uma perna se apresenta num ângulo estranho.
- Seu bebê tem um corte no rosto e sangra muito.
- Seu bebê se cortou em alguma parte do corpo e você não consegue controlar o sangramento.
- Seu bebê tem uma assadura como se tivesse sido alfinetado muitas vezes.

Razões pelas quais você deve ligar para o seu médico no meio da noite (sem correr para a emergência imediatamente)

- Seu bebê bateu a cabeça e está com um galo do tamanho de uma laranja, mas de resto parece estar bem.
- Seu bebê tem entre dois e seis meses de idade e apresenta uma febre acima de 38 graus.
- Seu bebê tem mais de seis meses de idade e apresenta uma febre acima de 39,5 graus.
- Seu bebê está vomitando sem parar e não consegue ingerir nada sem vomitá-lo imediatamente.
- Seu bebê se cortou, mas você conseguiu estancar o sangramento.

Eu já falei que não sou médica?

Mais uma coisa antes de prosseguirmos e falarmos sobre algo um pouco mais divertido: já mencionei que eu não sou médica? E que todas as dicas medicinais deste capítulo *jamais* devem nem podem substituir o conselho de um profissional da área de saúde, que conheça você, seu bebê e que — e isso talvez seja o mais importante — saiba do que ele está falando? Por isso, trate tudo que eu disse aqui — e que você lê no Google — com uma dose enorme de ceticismo e fale sobre tudo com seu médico. E se ele médico discordar de mim — obedeça-o. Pois, por mais que odeie admitir isso, aposto que ele sabe um pouquinho mais do que eu.

Capítulo 10

Hora de brincar

Como se divertir com seu bebê

Um dia típico no mundo da mãe de um bebê: acordar, amamentar, fazer café e tomá-lo cuidadosamente de pé junto à bancada da cozinha e observar o bebê deitado num cobertor no chão olhando para os brinquedinhos dele, preparar e tomar o café da manhã enquanto seu bebê está deitado no chão olhando para os brinquedos, ler cada livro que encontrar na estante do seu bebê para ele enquanto ele se aconchega em seu colo, fazer outro café, tomar este café enquanto seu bebê está deitado no chão batendo em seus brinquedos, fazer uma caminhada com o carrinho de bebê, amamentar o bebê, deitá-lo para um cochilo, tomar um banho apressado, secar seu cabelo, colocar a roupa suja na máquina e limpar o açúcar que jogou no chão enquanto fazia café porque estava com tanta pressa para voltar para a sala querendo ver seu bebê deitado no chão.

Mas às 8h45, seu bebê acorda de seu cochilo cheio de energia, e você já se cansou de ficar observando como ele fica olhando para seus brinquedos. O que fazer com um bebê que não consegue nem se mexer? Ou com um bebê que consegue se mexer, mas a única coisa da qual ele se aproxima é a tomada elétrica ou seu iPhone? E como usar seu tempo para ensinar a ele não só como viver e amar a vida, mas também como viver e amar Jesus?

Manter-se ocupada com o seu bebê

Provavelmente, não deveria dizer isso por escrito — especialmente quando estou falando com um bando de mães de primeira viagem — mas, às vezes, ser mãe é entediante. Aí está. Falei. Sei que existem muitos momentos excitantes — momentos em que você testemunha o primeiro sorriso ou os primeiros passinhos —, momentos em que não consegue pegar sua câmera a tempo. E há também muitos momentos doces e carinhosos em que seu bebê se aconchega em seu corpo e em que você não consegue se imaginar fazendo nada diferente disso. Mas há também muitas horas em que está presa em casa, sem saber o que fazer para entretê-lo e preservar sua sanidade mental. Aqui estão algumas ideias:

Dez coisas que você pode fazer com seu recém-nascido:

1. Deite seu bebê de costas em seu colo e aplique uma massagem de pé. Use loção de bebê para torná-la ainda mais agradável.
2. Coloque seu bebê num andador e deixe-o assistir como você faz exercícios com a ajuda de um DVD de exercícios. Você se exercita, e ele se divertirá com você pulando e dançando para ele.

3. Bebês adoram ficar próximos de suas mães, por isso, coloque-o numa faixa enquanto você prepara o jantar, se maquia ou faz uma caminhada.

4. Deite-se ao lado do seu bebê num cobertor, esfregue suas costas e cante hinos ou suas músicas favoritas.

5. Bebês adoram padrões contrastantes. Explore a casa com ele e encontre todos os lugares em preto e branco, marrom e bege ou azul marinho e amarelo. Aponte-os para ele.

6. Coloque um espelho a mais ou menos 30 centímetros do rosto do seu bebê e deixe-o olhar para si mesmo.

7. Faça barulhos engraçados ou invente músicas sem sentido para ver se consegue fazê-lo rir.

8. Se seu bebê estiver um pouco nervoso ou com gases, deite-o de costas e faça o movimento de andar de bicicleta com suas pernas, cruze seus braços e massageie sua barriga. Esse exercício nunca falhou em aliviar os gases de Joey.

9. Dê um banho em seu bebê e deixe-o se acalmar na água quentinha.

10. Se o seu bebê tiver paciência com você, coloque-o num cobertor sem estampas e crie poses com chapéus diferentes para fazer fotos ao estilo de Anne Geddes. E não importa se suas fotos não saírem muito boas: sempre serão uma lembrança maravilhosa dos momentos em que você as tirou.

Dez coisas que você pode fazer com seu bebê quando ele já consegue ficar sentado:

1. Pegue alguns de seus cachecóis (ou pedaços de tecido ou toalhas de cozinha) e chacoalhe-os em torno do seu

bebê. Jogue-os no ar e deixe-os cair na cabeça do seu bebê ou corra-os sobre sua pele.

2. Brinque de esconde-esconde. Mas em vez de ficar sempre no mesmo lugar, esconda-se atrás de uma parede ou de um armário e então apareça pulando na frente do seu bebê.

3. Sente-se com ele no jardim numa toalha de praia e leia livros, brinque com brinquedos ou simplesmente tome um banho de sol. (Mas não esqueça de aplicar protetor solar!)

4. Finja ser uma estrela de rock e transforme panelas e colheres em instrumentos musicais.

5. Pegue seus antigos álbuns de fotografias e mostre-lhe as fotos, explicando quem é cada pessoa e o que estava fazendo. Será divertido para você se lembrar desses momentos e será divertido também para ele ver as fotos das pessoas — do pai, da avó, da tia — que ele já conhece e ama.

6. Grave um CD com suas canções favoritas e acompanhe-as cantando no volume máximo enquanto você dança pela casa com ele em seus braços.

7. Encha sua banheira com brinquedos de banho — mas sem água — e coloque seu bebê na banheira, com roupa e tudo. (Observação: mesmo vigiando-o atentamente, mantenha-o longe da torneira e tampe o esguicho com uma esponja.)

8. Entre no carro e se sente no assento do motorista enquanto seu bebê fica no seu colo fazendo de conta que está dirigindo.

9. Faça um tour pela casa. Pegue seu bebê e caminhe pela casa, falando sobre cada quarto e todas as coisas que

você costuma fazer nele. Aponte as coisas que você sabe que seu bebê adora. "Ah! Olha sua cadeirinha alta, onde você come todas aquelas deliciosas ervilhas amassadas!" e "Olhe! Esta é a porta pela qual seu papai entra quando volta do trabalho!"

10. Faça um passeio com o carrinho de bebê. Enquanto caminha pela rua, aponte as árvores, os pássaros, as nuvens e os carros para seu bebê.

Dez coisas que você pode fazer com seu bebê que já engatinha ou anda:

1. Leve a cadeirinha alta do seu bebê para o jardim (ou para qualquer outro lugar onde ninguém se importará com um chão molhado) e enche uma bandeja com 2 centímetros de água. Tire toda a roupa do seu bebê, dê algumas colheres de chá a ele e deixe-o bater na água à vontade.

2. Compre giz gigante — todos meus filhos amavam aqueles em forma de pirâmide feitos para bebês —, coloque a mão do bebê em sua própria e mostre a ele como o giz funciona. (Não se preocupe: seu bebê gastará mais tempo comendo o giz do que tentando desenhar com ele. É por isso que o giz infantil não é tóxico.)

3. Transforme sua sala numa discoteca de bolhas. Compre bolhas de glicerina sem sabão (as com sabão podem arder nos olhos do seu bebê), ligue o som e faça bolhas, dançando com seu bebê no meio das bolhas flutuantes.

4. Faça de conta que você é o bebê. Coloque um travesseiro no chão e diga que está indo para cama. Cantem juntos uma música de ninar e o ajude a cobri-la. Depois,

troquem os papéis e veja se ele faz de conta que está querendo se deitar.

5. Cubra sua mesinha com um cobertor e faça seu bebê entrar em seu "castelo".
6. Coloque seu bebê de barriga para cima em um cobertor e puxe-o pela sala.
7. Arranje uma caixa vazia (uma caixa de fraldas tamanho família é perfeita) e coloque alguns brinquedos nela. Deixe seu bebê descobrir como virar a caixa e entrar nela para chegar aos brinquedos.
8. Corte uma variedade de frutas, vegetais, queijos e outros alimentos em pedaços pequenos e dê-os para seu bebê um de cada vez para ver o que ele gosta e o que ele rejeita.
9. Aceite uma dica de uma professora de jardim de infância e faça atividades dinâmicas. Gaste cinco minutos olhando livros, cinco minutos brincando com animais de pelúcia, cinco minutos derrubando blocos de madeira. Quando seu bebê começar a se entediar com um brinquedo, ele já vai estar escolhendo outro.
10. Saia de casa (coloque seu bebê numa faixa) e colecione folhas, capim ou pétalas de flores. Depois, explique ao seu bebê as formas, texturas e cores de cada item colecionado.

Brinquedos que não são brinquedos

Quando comecei a escrever este capítulo, enviei um e-mail para todas as minhas amigas perguntando quais eram os brinquedos favoritos de seus filhos. Algumas deram como resposta brinquedos caros e sofisticados, mas a maioria respondeu algo como espátulas de borracha, vasilhas de plástico e controles remotos. E isso é muito legal. Pois da forma como eu vejo, quanto menos dinheiro gastar em brinquedos eletrônicos barulhentos, mais dinheiro você terá para gastar quando sair com seu marido. E preservará sua sanidade. (Pois acredite em mim: assim que seu bebê descobrir que o brinquedo faz um barulho quando ele apertar aquele pequeno botão laranja, ele o fará. De novo. E de novo. E de novo.)

Seguem algumas ideias para brinquedos que você pode encontrar (ou criar) com coisas que, provavelmente, você já tem em casa:

- **Uma caixa de surpresas**. Pegue uma caixa de sapatos (se você for muito ambiciosa, arrume uma caixa de sapatos de plástico da Target, que seja resistente à baba do bebê) e enche-a com vários "brinquedos" para seu bebê. Como regra geral, tudo que passe pelo rolo de papel higiênico (ou apresente partes tão pequenas) representa um perigo de asfixia, mas qualquer coisa maior vale. Na minha caixa de surpresas, coloquei uma garrafa vazia de água mineral (sem a tampinha), um pedaço de feltro da minha caixa de costura, um cachecol, um antigo controle remoto (sem as baterias) e um livro com páginas de papelão. Sempre que precisava manter meus filhos ocupados (quando, por exemplo, eu precisava urgentemente verificar meus e-mails), pegava a caixa de surpresas e a entregava a eles (após criar um grande suspense, cantando "Oh oh oh, o que está na minha caixa de surpresas?", para despertar seu interesse).

- **Cestas de roupa**. Coloque seu bebê dentro de uma cesta de roupa — imagine um barco na água — e cante músicas de marinheiro.

- **Panelas e potes**. Deixar seu bebê brincar com objetos da cozinha não é uma ideia nova — aposto que sua mãe fez isso quando você era criança. Mas a fim de evitar que sua panela de macarrão não esteja coberta de baba quando você precisar dela, sugiro que escolha um armário (pequeno) e o encha com alguns "brinquedos" — panelas menores, tigelas de plástico, coadores de metal — que você possa dispensar. Não tranque o armário para que o bebê possa abrir e fechá-lo com facilidade. Ele descobrirá rapidamente qual armário ele consegue abrir, e você economizará o trabalho de colocar e tirar panelas do armário toda vez que for cozinhar algo.

- **Frascos de sabão vazios**. Sabe aquele sabão líquido que você vem usando aos pouquinhos para não ter que arrastar seu bebê até o supermercado para comprar mais? Gaste-o, garota! Quando estiver vazio, retire a tampa (risco de asfixia), enxague-o para retirar os restos de sabão e separe-o para dá-lo ao bebê para brincar enquanto você seca seu cabelo ou se maquia. Quando conseguir juntar alguns desses frascos, seu bebê se divertirá muito jogando-os pelo chão ou — atração máxima! — lambendo-os como se fossem pirulitos.

- **Caixas**. Separe uma variedade de caixas — desde a caixa de fraldas tamanho família que você acaba de gastar até a caixinha dos primeiros sapatinhos do seu filho. Deixe seu bebê abrir e fechá-las, enchê-las com seus brinquedos, entrar nelas e empurrá-las pela casa.

Aprender sobre Jesus

Quero que meus bebês cresçam sabendo que Jesus é e sempre será o centro de suas vidas. Quero que nosso momento de brincar seja também um momento em que eles possam aprender algo sobre Jesus. Mas é difícil! Não porque eu não acredite que ensiná-los sobre Jesus não seja a coisa mais importante que eu possa fazer — mas porque um bebê simplesmente não possui a capacidade de compreender conceitos enormes como fé e redenção e graça. Mas isso não significa que você não possa deixar Jesus transparecer nos jogos que você faz e nos livros que lê, pois toda vez que ensinar seu bebê algo sobre Jesus, isso o coloca um passo mais próximo de conhecê-lo num nível pessoal.

Descanso para a mãe

Para quando você estiver orando pelo crescimento espiritual de seu bebê:

Depois de comerem, Jesus perguntou a Simão Pedro: "Simão, filho de João, você me ama mais do que estes?"

Disse ele: "Sim, Senhor, tu sabes que te amo."

Disse Jesus: "Cuide dos meus cordeiros."

João 21:15

Jesus, a melhor maneira que conheço de demonstrar meu amor por ti é cuidar dos teus cordeiros. E tu confiaste um de teus preciosos cordeirinhos aos meus cuidados, e oro para que eu seja capaz de dar a meu bebê tudo que ele precisa para crescer espiritualmente. Dá-me a paciência, a sabedoria e a disposição para criá-lo de forma que te honre e o leve em direção a uma fé salvadora. Amém.

1. Deite seu bebê de costas em um cobertor — algo perfeito para se fazer no jardim quando o sol não estiver alto demais — e ore por cada parte de seu corpo. Segure os dedos de seus pés e diga: "Obrigada, Jesus, por criar esses adoráveis dedinhos! Para que um dia eles possam correr para levar teu evangelho àqueles que mais precisam dele." Ou esfregue gentilmente sua cabeça e diga: "Obrigada, Jesus, por este precioso bebê! Transforma-o naquele que tu queres que ele seja."

2. Brinque de Arca de Noé. Você pode comprar uma arca de Noé completa, com barco de madeira e animais em qualquer loja de brinquedo, ou simplesmente pegar alguns dos animais de pelúcia de seu bebê e uma caixa e improvisar. Enquanto seu bebê estiver brincando com o barco e os animais, fale com ele sobre o plano de redenção de Deus e como ele salvou Noé por ter sido um homem justo. Não se esqueça de cantar a "Arca de Noé" — se você não decorou ainda a letra, é melhor aprendê-la rápido, pois isso é uma habilidade básica da maternidade.

3. Explore a criação de Deus. Faça uma caminhada com seu bebê num carrinho de bebê e, enquanto estiver andando, fale sobre a incrível criação de Deus e sobre a beleza com que ele nos envolveu para nos mostrar seu grande amor. Sim, seu bebê pode não entender exatamente o que você está dizendo (ainda), mas ele adorará olhar as árvores, as nuvens e ouvir sua voz.

4. Pegue uma ovelha de pelúcia e ensine seu bebê a cuidar da ovelha, tocando-a com carinho e abraçando-a. Depois, fale sobre como Jesus é o nosso pastor e como ele sempre cuida de nós com um toque de carinho e amor.

Tenho certeza de que você já ouviu toda essa propaganda (quer dizer, pesquisas) que afirma que a melhor maneira de aumentar o vocabulário do seu bebê e incentivar seu desenvolvimento linguístico é ler para ele, garantindo assim que ele se torne um cidadão letrado que goste de ler livros. Agora, não me entenda errado — eu adoro livros —, mas houve momentos quando meus filhos ainda eram bebês em que me perguntei o que eles estavam aproveitando das nossas pequenas sessões de usar o livro como mordedor enquanto a mãe tenta ler para o bebê. Pois a verdade é que meus filhos nunca pareciam absorver uma única palavra. Pior, nossas sessões de leitura muitas vezes acabavam num caos quando meus filhos pareciam mais interessados em arrancar as páginas e mastigá-las do que em ouvir a história.

Mas o fato é que seu bebê *está* ouvindo. Mesmo que ele pareça estar revoltado e tentando chegar ao chão para brincar com seus brinquedos, ele está ouvindo. E virá um dia em que você perceberá que todas aquelas horas de leitura realmente tiveram algum efeito. Algumas semanas atrás, Will, meu filho de um ano, apontou para um cachorro e disse: "Au!" Perguntei-me de onde ele sabia isso, pois eu nunca havia lhe ensinado o barulho de animais, mas então me lembrei do livro *Mu, Bé, La! La! La!* (de Sandra Boynton), que fala sobre como cachorros dizem "Au!" E meu pequeno gênio literário fez a conexão — sozinho. Eu fiquei tão orgulhosa.

Em todo caso, ler é uma atividade muito boa para você e para seu filho, e se torna ainda mais especial se ler livros que falam sobre Jesus.

Simplesmente relaxar

Eu sou uma pessoa que precisa constantemente estar fazendo algo. O que significa que a ideia de ficar sentada num cobertor e simplesmente relaxar com meu bebê é algo muito difícil para mim. E começo a pensar que seria uma mãe melhor se conseguisse planejar a lição da próxima escola dominical enquanto tricoto um cachecol e ensino chinês ao meu bebê. Tudo ao mesmo tempo, é claro. Isso leva meu marido à loucura, ele que não se importa nem um pouquinho com a pilha de louças na pia e não poderia ser mais sossegado. E ele me lembra constantemente de que passar uma hora deitada num cobertor com meu bebê é simplesmente isso — passar uma hora maravilhosa deitada num cobertor com meu bebê precioso, que crescerá rápido demais.

Quero lembrar as mães do meu tipo, que sempre precisam planejar algo para ocupar cada minuto do dia, que não há nada de errado em deixar algumas partes do dia na sua agenda em branco. Seu bebê precisa de você — e precisa passar tempo com você — não para atividades educacionais. E seus dias como mãe não são medidos pelo número de máquinas de roupa que você consegue lava ou pelo número de vezes que varre o chão, mas pelo tempo que investe naquilo que mais importa. Ok, chega de sermões. Agora, enxugue essas lágrimas, e vamos falar sobre algo diferente.

Capítulo 11

Nas ruas da cidade

Saindo de casa com seu bebê

Não dê ouvidos a todas aquelas pessoas de mente fechada que tentam convencê-la de que sair de casa com o bebê é, às vezes, um desperdício de tempo. Pois estas são as mesmas pessoas que veem como trabalho arrumar o bebê e as 13.493 peças de equipamento e colocar tudo isso dentro do carro, apenas para passar três minutos no supermercado. É óbvio que não estão pensando claramente. Talvez sofram da temida síndrome do cérebro maternal. Porque sair para a cidade é fácil. E divertido. E não exige praticamente nenhum planejamento e bagagem.

Ou talvez seja eu quem esteja sofrendo da síndrome do cérebro maternal. (Outra possibilidade é que eu tenha a tendência de ignorar todo o esforço de planejar e arrumar as coisas, de forma que acabo indo ao parque com três filhos sem fraldas, sem lenços e sem mamadeiras.) Mas estou mudando de assunto. Creio que a maioria de mães lhe dirá que é difícil colocar seu bebê no carrinho ou no carro e sair para a cidade. Mas essas mães também lhe dirão que a ideia de um entretenimento que não envolva seu secador de cabelos e um pacote de cereal seduzirá até a mãe mais presa ao seu lar a sair de seu esconderijo e se aventurar no mundo real.

E já que considero fácil me arrumar e sair de casa com três filhos, reuni uma lista de dicas que pode lhe ajudar a sair de casa. Risque os itens na medida em que os resolve e você estará na rua rapidamente — ou pelo menos dentro de duas horas.

Lista para sair de casa com o bebê

— Alimente o bebê.

— Troque as fraldas do bebê e o vista.

— Tome uma xícara de café (para que você tenha a energia de realmente fazer algo após finalmente conseguir sair de casa).

— Troque as roupas do seu bebê, porque ele se molhou todinho com a água do cachorro enquanto você estava fazendo seu café.

— Coloque seu bebê dentro do carro e aperte os cintos.

— Entre no carro também. Dê uma olhada no retrovisor para perceber que você se esqueceu de escovar os dentes, de pentear seus cabelos e de colocar um sutiã.

— Tire seu bebê do carro e o leve de volta para a casa.

— Limpe-se rapidamente com um lenço, dedicando atenção especial ao local da sua blusa em que seu bebê vomitou três dias atrás.

— Coloque um sutiã.

— Troque as roupas do seu bebê, porque ele se molhou todinho com a água do cachorro enquanto você estava "tomando banho".

— Coloque seu bebê dentro do carro e aperte os cintos.

— Saia de casa e quando você estiver dobrando a primeira esquina, você percebe que esqueceu a bolsa de fraldas. Perca cinco minutos cogitando se seria mais rápido voltar para casa e pegá-la ou simplesmente passar no supermercado e comprar uma bolsa nova supercara.

— Decida que, em vez de comprar uma nova bolsa supercara, você usará o dinheiro para comprar um cappuccino. Dê meia volta e volte para casa.

— Tire seu bebê do carro e o leve de volta para a casa.

— Encontre a bolsa de fraldas e congratule-se por lembrar de verificar se ela está com fraldas, lenços úmidos e roupas limpas.

— Troque as roupas do seu bebê, porque ele se molhou todinho com a água do cachorro enquanto você estava verificando sua bolsa de fraldas.

— Coloque seu bebê dentro do carro. Pela última vez. Dessa vez, para valer.

Mães de crianças na pré-escola

Uma das minhas atividades favoritas quando saio de casa é ir às reuniões das mães de crianças na pré-escola. Ironicamente, quando meu filho Joey nasceu, não me inscrevi imediatamente no grupo de mães da minha igreja, porque eu estava absolutamente convencida de que eu não era uma mãe perfeita. Eu sabia o que acontecia nessas reuniões — envolvia um excesso de glitter, cola e livros de recado para o meu gosto. Mas quando Joey completou quatro meses de idade, minha amiga Rachel me convenceu a assistir a uma reunião. E descobri que estava muito enganada. Pois apesar do glitter, da cola e dos livros de recados, ali também havia um número de mães que entendia exatamente o que eu estava passando. O grupo se transformou no meu círculo de amizades, na minha folga como mãe e na minha desculpa perfeita para me deleitar com lanches supergordurosos como muffins e bolo de café. As calorias que você ingere nas reuniões simplesmente não contam. Pelo menos, foi isso que minha mãe conselheira falou.

Eu aguardo ansiosamente as reuniões semanais. Durante os seis anos em que participo do grupo, construí uma relação de amizade com meu pequeno grupo e com minha mentora bem mais profunda do que as amizades criadas com outras mães que você encontra no parquinho. Minhas amigas me conhecem e, mesmo assim, me amam. Isso não tem preço. É uma bênção e foi o que preservou minha sanidade desde que me tornei mãe.

Dez coisas que aprendi no grupo de mães que não teria aprendido de outra forma:

1. Uma boa dose de apoio simpático vale muito mais do que conselhos de maternidade. Mesmo se o conselho for bom.
2. Não sou a única mãe que, às vezes, acha que está precisando de uma terapia. Ou pelo menos boas e longas férias.
3. Tudo bem se minha casa nem sempre se parece com uma página do catálogo de uma loja de móveis. O importante é que meus filhos sejam felizes.
4. Orar por alguém é a coisa mais poderosa que posso fazer.
5. Sou uma boa mãe, mesmo se não consigo dobrar um lençol com elástico.
6. Meus filhos conseguem sobreviver duas horas na creche. Sozinhos. Sem que eu vá checar se eles estão bem a cada minuto.

7. Nada melhor do que desligar o celular por algumas horas e me concentrar em pessoas reais da vida real.
8. Há pouquíssimas coisas mais gostosas no mundo do que beber uma xícara de café sem ter medo que alguém se esbarre contra ela.
9. Nem mesmo a mãe que aparenta ter tudo sob controle — aquela que aparece na reunião com a filha com trancinhas perfeitas e com o filho de roupas impecáveis — tem tudo sob controle.
10. Mães amigas são melhores do que amigas no Facebook.

Descanso para a mãe

Para quando você estiver criando amizades com outras mães:

Assim como o ferro afia o ferro,
o homem afia seu companheiro.

Provérbios 27:17

Deus todo-poderoso, tudo parece ter mudado na minha vida durante os últimos meses. Não, porém, a tua fidelidade. Eu te agradeço por seres fiel em providenciar mulheres cristãs fortes, que também são mães e que conhecem os altos e baixos de criar um bebê. Oro para que, ao passo em que minhas amizades crescerem, nós possamos nos fortalecer por meio de palavras sábias, um ouvido atento e amor altruísta. Ajuda-me a ser uma amiga que aproxima de ti as pessoas que encontra. Amém.

No parque

Quando Joey era bebê, eu tinha medo do parque. Havia cartazes que diziam que o parque se destinava a crianças bem mais velhas do que a minha (sério, ninguém respeita mais as regras?), e eu tinha certeza de que o parque estava coberto de germes e sujeira. Ah, e mais uma coisa: as crianças grandes. Cada parque que conhecia tinha crianças grandes e aterrorizantes — de pelo menos três anos — correndo pelo parque como lutadores da MMA à procura de um bebê que pudessem assaltar. Eu evitava o parque como se fosse uma praga.

Tive que encarar meus medos quando meu grupo da MOPS decidiu fazer uma excursão ao parque local. Eu pretendia não ir, mas então tive um daqueles dias em que Joey não queria rir nem mesmo das minhas imitações de legumes. Eu estava me comportando como um aspargo, e Joey ignorava completamente meus esforços galácticos. Foi quando percebi que precisava sair de casa. E fui. Mesmo com todas as crianças aterrorizantes.

Cinco minutos depois, vivenciei uma reviravolta total. O parque era divertido! Passar um tempo ao ar livre conversando com pessoas adultas era a melhor coisa que havia acontecido comigo. Há muito tempo (veja as imitações de legumes). E Joey estava se divertindo lambendo o balanço, comendo pedrinhas pequenas e brincando na lama ao pé do escorrega. Evidentemente, as crianças de três anos continuavam sendo profundamente aterrorizantes — mas nada é perfeito. E o que você pode esperar? Suas mães não podiam deixá-las em casa sozinhas. Poderiam atacar o cachorro ou algo semelhante.

Em todo caso, ir ao parque ainda é uma das minhas atividades padrão. É de graça, é divertido, e encontro todo tipo de pais que precisam falar com alguém sobre horários de dormir e pomadas para assaduras tanto quanto eu. Além disso, lembra-se do meu livro sobre a gravidez em que lhe contei sobre as pessoas divertidas que você conhece no curso de parto? Bem, adivinhe só: essas pessoas cresceram e também tiveram bebês. E estão todas esperando por você no parque.

Tipos de pessoas que você pode encontrar no parque:

- **A mãe orgânico-natural.** A mãe orgânica agora substituiu os chips de berinjela e as barras de quinoa por iogurte de açaí. E ela traz suas bebidas em garrafas tecidas a mão que ela mesma produz em seu jardim, enquanto seu bebê aprende francês. A boa notícia é que ela sempre traz um piquenique e está disposta a compartilhar. A notícia ruim é que você não encontrará crackers ou chocolates de menta em sua cesta.
- **O cara da fraternidade.** Aparentemente, a esposa do cara da fraternidade conseguiu convencê-lo que seria uma boa ideia levar o bebê ao parque para que ela pudesse ir à manicure. Ela deve ter decidido esquecer que seu marido precisa de supervisão constante durante todas as horas do dia e da noite, senão ele seria capaz de fazer algo como organizar um concurso de quem consegue beber mais leite em menos tempo no topo do escorrega e ainda manipular o concurso para que seu bebê ganhe.
- **A supermãe classe "A".** Bem, na verdade, essa mãe não tem bebê... ainda. Ela está na oitava semana de gravidez, mas já está inspecionando todos os parques da cidade e avaliando cada um em termos de segurança, visibilidade e acesso para carrinhos de bebê. Ela trouxe seu carrinho —

com uma melancia dentro dele para imitar o peso do bebê — e ela está praticando tirar e colocar o "bebê" do carrinho enquanto ela observa ao redor. Sugiro que se mantenha afastada dela — ser amiga de uma supermãe pode causar mais pressão do que você seja capaz de aguentar nesse momento. Mas se conseguir, tente roubar as anotações dela. Conhecer todos os percursos do parque até o banheiro pode ser muito conveniente.

- **A mãe que morre de medo de tudo.** Lembra-se da mãe na sua classe de parto que tinha tanto medo de dor que seu marido teve que levá-la para o corredor durante a demonstração de amamentação? Bem, agora ela está no parque. E ela tem um filho. Portanto, se você ouvir um grito e um "Ah, meu Deus, ele vai cair!" saindo de sua boca, você descobrirá que seu filho fez algo demoníaco como subir o primeiro degrau do escorrega. Não se preocupe. Se ele cair daquele degrau na grama macia, ela tem um estojo de pronto socorro em sua bolsa de fraldas. Melhor prevenir do que remediar.

- **A mãe do tipo "Estou tão animada que não consigo esconder minha alegria".** Meu Deus, que dia lindo é esse! E temos tanta sorte de estarmos no parque com nossos bebês hoje! Ah, meu Deus, como somos abençoadas, você viu como a Sarah fica fofa em seu novo vestidinho que a avó deu? O. Melhor. Dia. Da. Sua. Vida.

- **O casal que manifesta sua adoração em público.** Esses dois — bem, eles tiveram a grande ideia de combinar o tempo com o bebê com a noite de namoro e vieram fazer uma grande excursão familiar mais doce do que mel. E falando em fofo: estão tão fixados uns nos outros que nem percebem que seu bebê está enfiando pedaços de casca de árvore em seu nariz.

- **O executivo "ocupado"**. Quem disse que cuidar de um bebê é trabalho duro obviamente nunca ouviu falar em multitarefa. Pois é muito fácil ficar de olho no bebê, completar o orçamento da empresa e ligar para os colegas, tudo ao mesmo tempo. (Sugiro que fique de olho em seu filho enquanto ele estiver dedicado a "múltiplas tarefas" — não há motivos para arriscar a saúde dele, só porque o papai está checando o mercado de ações.)

Cursos "Mamãe e eu"

Eu gosto de fazer parte de grupos e turmas e clubes secretos que aceitam apenas mães inteligentes e espertas o suficiente para pesquisar no Google "clubes locais para mamães". Sim, eu sou uma dessas. Por isso, creio que você não se surpreenda ao saber que perguntei ao senhor Google sobre classes "Mamãe e eu" antes mesmo de Joey nascer. E que ele não tinha nem completado quatro meses quando participou de sua primeira classe.

Nas horas antes da nossa primeira classe, fiz alguns exercícios com Joey para aquecer nossas cordas vocais (*la-la-la-la-la-la-la-lá*), e preciso confessar que fiquei um pouco frustrada ao perceber que seus níveis de excitação diante da expectativa de sair de casa e passar uma hora com coleguinhas praticando atletismo e fazendo música não chegavam nem perto dos meus. Provavelmente, ele simplesmente não sabia o que esperar.

Chegamos cedo e imediatamente fizemos uma avaliação do cenário. Identifiquei rapidamente a supermãe "classe A" no portão, levemente esticando os braços de sua filha para aquecer seus músculos (como é que eu não pensei nisso, também?) e a mãe exausta de trigêmeos, desesperadamente tentando conter seus três bebês sem parecer desesperada. Eu apresentei Joey à professora, explicando toda orgulhosa que ele tinha apenas cinco meses, mas que estava inscrevendo-o na turma de 5 a 8 meses, pois ele já havia apresentado um equilíbrio excepcional para a sua idade e já estava conseguindo ficar sentado. As coisas importantes, certo?

A aula começou, e eu soube imediatamente que este era o lugar em que Joey se desenvolveria acadêmica, física e emocionalmente. Sim, ele estava agindo com cautela (ok, com terror) quando cantamos em voz alta músicas sobre bolas roxas e caminhões vermelhos. E ele não mostrou muito interesse pelas bolas. Mesmo assim, eu simplesmente sentia que ele estava absorvendo informações e habilidades essenciais em uma velocidade tremenda. Tive que suprimir um ataque momentâneo de pânico quando me perguntei como seria criar um filho gênio.

Bem, ficou evidente que as outras crianças da turma eram igualmente geniais. Cada uma delas ficou sentada quietinha enquanto a instrutora cantava. E cada uma estendia os braços para pegar as bolhas de sabão e se divertir com o paraquedas. Naturalmente, nós, os pais de crianças superdotadas, tivemos que juntar forças para garantir o crescimento e desenvolvimento adequado dos nossos filhos. Pelo menos, foi isso que contei ao meu marido quando tentei justificar a mensalidade de R$ 170 por mês.

Existe uma pequena possibilidade que eu tenha me deixado levar pela febre do Kumon. Era uma oportunidade de sair de casa, e no meu estado limitado de falar apenas com um bebê, confesso que eu estava desesperada para interagir com outros seres humanos e para fazer algo com meu filho além de brincar com chocalhos. E essa classe satisfazia todas essas necessidades. E Joey gostava das aulas — não me entenda errado — mas sem dúvida alguma eu gostava mais delas do que ele. E aprendi mais com elas do que ele.

Antes de tingir seu cabelo de preto em protesto contra mães como eu que aparentam acreditar que classes "Mamãe e eu" são o fundamento de uma educação bem-sucedida, ouça-me até o fim. Sei, lá no fundo do meu ser, que essas classes são totalmente desnecessárias e levemente ridículas. Sei que Will, meu terceiro bebê — que jamais pisou numa academia para bebês — é tão inteligente quanto Joey, que, durante os primeiros três anos de sua vida, jamais faltou a uma aula. Entendo isso. Mas sei também que essas aulas podem ser muito divertidas. Portanto, se for algo que você queira fazer e consiga pagar, vai fundo.

Como encontrar atividades do tipo "Mamãe e eu" em sua cidade

Eu moro em Austin, no Texas, que é uma cidade bastante grande e que possui um centro relacionado a bebês em cada esquina. A cidade oferece um milhão de opções, o que significa que eu não só pude escolher minhas atividades de "Mamãe e eu", mas também assistir a umas 15 aulas experimentais de graça antes de fazer minha escolha definitiva. Isso não só me permitiu ser seletiva ao escolher atividades que satisfizessem às minhas exigências (leia: não cantar em voz alta na frente de grandes grupos), mas também nos manteve ocupados durante algumas semanas sem gastarmos um centavo sequer.

Ou seja, se você morar numa cidade, deve ter um milhão de opções para atividades com seu bebê. Mas se mora no interior, pode ser mais difícil encontrar atividades desse tipo. Se este for o seu caso, tenho algumas dicas para você:

1. **Associação Cristã de Moços**. A ACM oferece todo tipo de classes divertidas para crianças — e mesmo você não sendo membro, essas classes costumam ser baratas. Quando Joey era bebê, eu nos matriculei numa turma de natação na ACM e nos divertimos muito pretendendo ser lanchas de corrida.

2. **Igrejas**. A engenhosidade de algumas igrejas me surpreende. Existe uma igreja na nossa vizinhança que todo verão oferece um acampamento bíblico para crianças de até dez anos. Até mesmo os bebês são incluídos na diversão e recebem a oportunidade de ouvir música e de assistir às brincadeiras sentados no colo de suas mães e muitas outras coisas.

3. **Parques e recreações**. Existe uma destas mulheres em cada cidade, que trabalham nos bastidores para inventar atividades divertidas para seus filhos. Algum tempo atrás, fiquei sabendo sobre um curso de pintura com pés de bebês. Os pais podiam levar seus bebês, mergulhar os pés deles em tinta e pintar e criar lindas pinturas. (O melhor: a tinta fica na aula e nunca chega nem perto de seus tapetes.)

4. **Lojas**. Dê uma olhada no painel de anúncios da sua loja de brinquedos, onde pode encontrar todo tipo de diversões para seu bebê. Você pode encontrar oficinas, cursos e outras atividades divertidas (algumas até gratuitas) para bebês e seus pais.

Saia de casa!

Sabia que o período de tempo que você passa presa em sua casa está diretamente relacionado ao tempo que você gasta reclamando de estar presa em casa? Ok, confesso que inventei isso (não gosto muito de estatísticas — quem teria imaginado, certo?), mas posso garantir com certa firmeza que você será uma mãe muito mais feliz e saudável se pelo menos tentar se aventurar no mundo real de vez em quando. Mesmo se for apenas uma rápida visita ao supermercado para comprar leite. Pois creio que você e eu sabemos que beber café sem leite irá arruinar um dia perfeitamente bom em casa com seu bebê. E aí está, minhas queridas: a prova matemática de que sair de casa — hoje! — serve aos interesses de todos.

Capítulo 12

Engrossando o caldo

Alimentando seu bebê com comida de verdade (coescrito pela nutricionista Alisa Dusan)

Quero começar dizendo para vocês, mamães modernas, que é tudo muito fácil.

Nos dias em que tive meu primeiro bebê (já no passado remoto de 2005), aqueles bolsas cheias de comida de bebê, que você aperta para fazer a comida sair ainda nem haviam sido inventadas. Tivemos que aturar a inconveniência de usar uma colher e — acredite se quiser — uma tigela. E, enquanto levávamos colher após colher para as bocas dos nossos bebês, sonhávamos com dia em que mães não tivessem mais que passar por essa inconveniência.

Mas vocês, vocês deram à luz seus bebês na era das modernidades. Vocês têm acesso a tecnologias novas maravilhosas, como mingaus de espinafre e pera que não tem gosto de espinafre, só pera. Enquanto eu tive que subir a colina a pé até o consultório do meu pediatra, com dois bebês nos braços e uma bolsa cheia de leite materno congelado. Não precisa sentir muita pena de mim. Eu sobrevivi, e me tornei mais forte por causa da minha dor.

Em todo caso, digo isso apenas para você não achar que as informações deste capítulo estão totalmente ultrapassadas e para que você saiba que estou por dentro de todos os detalhes de alimentar um bebê na era atual. Will, meu último acréscimo à família (não que eu esteja o chamando de surpresa ou algo assim), nasceu em 2011. Eu, portanto, desfrutei da glória da maternidade moderna.

Mas o simples fato de ter experimentado isso ainda não faz de mim uma expert, por isso, contratei (ok, subornei) a minha irmã Alisa — a mesma nutricionista registrada que você já conhece do capítulo sobre como perder os quilos da gravidez —, para me ajudar a dizer exatamente o que e como você deve alimentar seu bebê. E se você não acreditar em mim, acredite nela. Seguem então nossos melhores conselhos para começar a alimentar seu bebê com alimentos sólidos.

Quando começar a dar alimentos sólidos a seu bebê

Bem, a primeira pergunta que você deve querer fazer é a partir de quando pode colocar seu bebê numa cadeirinha alta para tirar fotos dele todo coberto de mingau de batata doce. Pois é isso que as mães fazem. Mas me deixe lhe dizer de experiência própria: essa história toda das batatas doces promete mais do que consegue cumprir. As fotos raramente saem tão fofas quando as imagina e depois você gasta vinte minutos tentando tirar batata doce ressecada dos cílios do seu bebê.

Como regra geral, seu pediatra lhe dirá que você pode começar a dar alimentos sólidos a seu bebê em algum momento entre seu quarto e sexto mês de idade. Mas já que pediu minha opinião, sugiro que comece aos seis meses — e não aos quatro —, pois assim que você começa a dar alimentos sólidos, você desperta um monstro que suga seu tempo. Você gastará boa parte do seu dia com preparo da comida, alimentação e limpeza do seu bebê — parte do dia que você poderia estar usando para coisas realmente produtivas, como seguir o Twitter da Jennifer Garner.

Aos (mais ou menos) seis meses, virá um momento em que perceberá que seu bebê está tentando pegar seu purê de batata sempre que você tenta levá-lo a sua boca. E a essa altura — dado que ele consiga segurar sua cabeça e ficar sentado numa posição mais ou menos ereta — sugiro que prepare sua câmera fotográfica — e sua banheira — para a apresentação do seu bebê à comida sólida.

O plano de alimentação para seu bebê

Como você já deve ter descoberto, eu sou uma mãe do tipo A. Por isso, quando inicio algo novo — principalmente quando se trata de algo que nunca fiz antes —, eu preciso de um plano. Um plano que me diz exatamente o que fazer e como fazê-lo e que me fornece anotações e notas de rodapé e anedotas para cada desvio possível do meu plano. Por isso, para todas as mães do tipo A como eu, tomei a liberdade de torcer o braço de Alisa até ela se prontificar a escrever um plano passo a passo para como introduzir comida sólida na alimentação do seu bebê.

Antes, porém, de apresentar nosso plano, preciso dizer que sei que nem todas as mães são do tipo A. Na verdade, algumas de vocês devem ser como meu marido, que achou ser uma boa ideia simplesmente despejar comida de bebê numa tigela e alimentar meu bebê sem uma agenda minuciosa com cores diferentes. Quem faria isso? Aparentemente, algumas pessoas fazem isso. E visto que estou disposta a reconhecer que simplesmente pelo fato de alguém fazer algo de forma diferente não significa que ela esteja errada (obrigada, mamãe!), estou disposta também a reconhecer que você, mãe do tipo B, pode achar nosso plano de alimentação baseado em pesquisas profundas um tanto exagerado. Então, fiz outro plano especialmente para você. Porque sou uma pessoa legal.

O plano do tipo B para introduzir alimentos sólidos

Passo 1: Coloque qualquer comida de bebê em forma de purê que você tenha numa tigela ou num copo.

Passo 2: Use uma colher para colocar a comida na boca do seu bebê.

Passo 3: Repita o procedimento sempre que seu bebê estiver com fome.

Passo 4: Não leia o resto deste capítulo, em vez disso, escreva um e-mail para meu marido para conversar sobre como as mães do tipo A complicam até as coisas mais simples.

O plano do tipo A para introduzir alimentos sólidos

Passo 1: Comece com um grão enriquecido de ferro para bebês (Alisa e eu recomendamos aveia, pois constipa menos do que arroz ou trigo) e misture-o com leite materno ou leite em pó para torná-lo líquido. (Para vocês que precisam de medidas exatas para tudo: tentem quatro colheres de sopa de líquido para cada colher de sopa de grãos.) Alimente seu bebê com isso uma vez por dia —

não *no lugar do* leite materno ou leite em pó, mas como alimentação *adicional*. Comida de bebê se parece muito com aquelas refeições prontas com pouquíssimas calorias que você comprou no supermercado na semana passada. Sim, parecem deliciosas, mas após devorar um prato inteiro, você continua com fome. O mesmo vale para a comida do seu bebê. Até que ele esteja comendo grandes quantidades disso, ele deverá continuar recebendo a maioria de suas calorias por meio do leite materno ou do leite em pó.

Passo 2: Você saberá que seu bebê está começando a gostar de comer grãos assim que ele parar de cuspir a comida que você coloca em sua boca. A essa altura, comece a aumentar a percentagem de grãos e diminuir o leite, tornando assim o mingau cada vez mais grosso. Isso pode levar alguns dias — ou algumas semanas, caso seu bebê seja como meu sobrinho Joseph, que vomitava toda vez que uma comida sólida tocava seus lábios. E não se preocupe com isso. Alguns bebês precisam de mais tempo para se acostumar com as texturas diferentes dos alimentos. (E falando nisso, se alguém lhe disser que seu bebê tem problemas de integração sensorial porque está tendo dificuldades de se acostumar com comida sólida, você tem minha permissão de revirar os olhos e ignorar tudo que aquela pessoa diz daí em diante. Pois isso é simplesmente ridículo e sem fundamento. Pergunte ao seu médico se não acreditar em mim.)

Passo 3: Uma vez que seu bebê estiver comendo grãos como um campeão, você poderá acrescentar outros tipos de comida. Existem duas estratégias para introduzir outros alimentos. A primeira estratégia consiste em dar a seu bebê uma fruta ou um legume — como peras, por exemplo — e esperar três dias antes de tentar outro alimento. Assim, caso você detecte sinais de uma alergia (diarreia, vômito, assaduras, falta de ar ou um rosto inchado), saberá exatamente que tipo de alimento causou a alergia. A segunda estratégia consiste em dar a seu bebê frutas e legumes à vontade, e caso detecte uma alergia, precisa retirar todos os alimentos que deu a ele nos últimos três dias. Tenho certeza que você sabe qual estratégia eu usei.

(Observação: talvez você tenha ouvido que deva introduzir primeiro os legumes para que seu bebê não se vicie em comidas doces. Mas tenho uma má notícia para você: seu bebê se viciou em doces no primeiro dia em que tomou seu primeiro gole de leite. Se você quiser introduzir primeiro os legumes para poder contar às amigas que o primeiro alimento favorito do seu bebê sempre foi brócolis, vá em frente. Mas isso não terá nenhum efeito sobre seu amor futuro por vagem.)

Passo 4: Ofereça alguns goles de água num copo durante as refeições. Isso não só ensinará seu bebê a jogar o copo no chão e gritar "Oh!" no instante em que você se sentar para comer, mas também o ajudará a abrir mão da mamadeira. E como regra geral, sugiro que ainda não lhe ofereça sucos. Sucos são como refrigerante diet para bebês. São deliciosos e tão refrescantes, mas antes que você perceba, ele estará consumindo seis caixinhas de suco por dia e correndo para a geladeira no meio da noite para satisfazer seu vício.

Passo 5: Uma vez que seu bebê estiver comendo bastante purê de cenoura em cada refeição, você pode começar a aumentar o número de refeições diárias. Acrescente um pouco de pera amassada à refeição ou um pouco de purê de abóbora menina. Se quiser um número de referência, uma criança de sete meses deveria estar comendo duas refeições por dia e, aos oito meses, algo sólido no café da manhã, no almoço e no jantar. Ao passo em que você aumenta a comida sólida, pode diminuir o leite materno ou o leite em pó — mas em que medida e em que velocidade, isso é uma pergunta que seu pediatra deve responder.

Passo 6: Por volta dos nove meses de idade — quando seu bebê conseguir ficar sentado sozinho e começa a engatinhar —, pode começar a introduzir comida de adultos. Isso significa que pode começar a dar ao seu bebê coisas deliciosas como cereais. Você também pode começar a cortar aquilo que come em pedacinhos miúdos e dar-lhe pedacinhos de frango ou carne.

Como fazer sua própria comida de bebê

Tenho certeza de que muitas das minhas leitoras (lembre-se, as mães do tipo B já abandonaram este capítulo e estão brincando com seus bebês) estão pensando em fazer sua própria comida de bebê. Como moer seus próprios grãos e ferver e amassar frutas e vegetais orgânicos para produzir lindos purês. E espero que você seja bem-sucedida em transformar seu lar em uma fábrica de papinha. Sério.

Mas antes de você partir e comprar uma dúzia de peras orgânicas, deixe-me pelo menos tentar ser a voz da razão. Pois por mais maravilhoso que pareça ser fazer toda a comida de bebê em casa usando apenas ingredientes orgânicos e uma dose gigantesca de amor, quero lembrá-la de que cada porção de comida de bebê orgânica significa muito tempo gasto na cozinha, debruçada sobre um fogão quente — e a não ser que você domine a arte de cortar, descascar e cozinhar com uma única mão, você terá que fazer isso enquanto seu bebê estiver dormindo.

Bem, antes de você me etiquetar como mãe irresponsável e descartar tudo que eu diga, preciso deixar claro que nem sempre defendi a postura de comprar tudo e economizar tempo. Se tivesse escrito este livro seis anos atrás, é provável que eu teria incluído um capítulo sobre como criar purês e 15 das minhas receitas favoritas. Mas eu mudei. (Isso pode ter a ver com o fato de três crianças correrem soltas pela minha casa.) E sei que prefiro gastar dois reais num pote de bananas amassadas do que gastar 89 horas na cozinha na tentativa de amassar bananas.

Dito tudo isso, se você ainda estiver firme em sua decisão de fazer sua papinha, irei em frente e lhe direi que isso não é tão difícil quanto eu o fiz parecer. E Alisa acaba de me lembrar de que, tecnicamente, isso pode ser maravilhoso para você e seu bebê, porque assim você terá certeza de que ninguém acrescentou algumas colheres de corante a seu purê de peras apenas para ressaltar a cor. (A não ser, é claro, que você tenha uma irmã como ajudante, caso em que não pode ter tanta certeza assim.) Além disso, seu bebê se acostumará com a maneira como você cozinha, o que será muito útil em quatro anos quando ele decidir que o chef do McDonald's sabe cozinhar melhor do que você.

Mas estou mudando de assunto. Aqui estão os passos que você precisa seguir para fazer sua própria comida de bebê:

Passo 1: Cozinhe o alimento. Descobri que a maneira mais rápida de cozinhar produtos para comida de bebê é no forno a vapor. Você simplesmente descasca, corta e retira as sementes das peras ou maçãs, coloca-as no vapor durante alguns minutos até ficarem macias e depois as coloca de lado para esfriarem. Você também pode tentar assá-las (o que funciona muito bem com maçãs e batatas doces) ou fervê-las (abóbora menina e frango, por exemplo).

Passo 2: Liquidifique a comida. Após cozinhar e resfriar a comida, você pode jogá-la no liquidificador ou num processador para transformá-la em purê. Se ficar grossa demais, acrescente um pouco de leite materno ou leite em pó ou água.

Passo 3: Guarde a comida. Se você for muito ambiciosa e quiser produzir uma grande quantia de comida de uma só vez, despeje a comida que seu bebê não consumir nos primeiros três dias em uma bandeja de gelo. Quando a comida estiver congelada, retire os cubos e guarde-os no congelador dentro de um saco plástico.

Passo 4: Coma. Pegue alguns cubos e descongele-os ou na geladeira ou numa tigela com água quente. Coma e desfrute.

Uma última advertência antes de continuarmos — esta vem de meu marido (totalmente do tipo B), que está lendo sobre meus ombros e balançando a cabeça enquanto escrevo isso. Ele diz que, tecnicamente, você pode pular os passos acima e fazer sua comida de bebê simplesmente misturando uma banana ou um abacate maduro com seu garfo e se contentar com isso. E, tecnicamente, ele está certo. Mas não gosto de tecnicidades e digo que, já que você está disposta a fazer sua própria comida de bebê, pode muito bem aproveitar e usar o método do tipo A.

Petiscos

Você saberá que chegou a hora de providenciar petiscos para seu bebê quando ele começar a pegar tudo. E, a essa altura, perceberá rapidamente que a única coisa que está fazendo ao obrigá-lo a comer papinhas naturais (ou se você for uma daquelas mães, cubos de comida orgânica) é ajudá-lo a pintar a parede em lindos tons de batata doce. Isso costuma acontecer por volta do nono mês de idade — e tenho que dizer que, toda vez que meus filhos alcançavam essa idade, eu percebia um senso de imenso alívio porque a partir daí eu podia jogar alguns pedaços de comida em sua cadeirinha alta, depois sentar e desfrutar o meu café sem ter que fazer barulho de avião com a colher.

A chave para o sucesso ao introduzir seu bebê a petiscos é cortar tudo em pedaços miúdos. Mirtilos? Você pode dividi-los em quatro partes. Uvas? Em dezesseis partes. Reconheço que você não precisa dividir os cereais, mas isso não significa que não tentei quebrá-los ao meio antes de entregá-los aos meus bebês. Como medida de segurança.

Fora a regra de dividir tudo nos menores pedaços possíveis, vale tudo. Você pode dar a seu bebê tudo que estiver ao seu alcance — e não sendo muito picante, não dá para errar. Aqui estão algumas das sugestões de Alisa para petiscos:

- Torradas cortadas em pedaços miúdos.
- Pedacinhos de frutas macias como banana, manga, pera e melancia.
- Macarrão bem-cozido.
- Ovos cozidos cortados em pedacinhos ou ovos mexidos.
- Pedaços bem pequenos de queijo fresco.

- Pedacinhos de legumes bem-cozidos, como aspargo, vagem ou brócolis.
- Frango, carne ou peixe cozido em pedacinhos do tamanho de ervilhas.

Saudável desde o início

A primeira comida sólida da minha sobrinha Haddie foi uma pequena mordida de uma rosquinha que sua avó lhe deu quando ela tinha três meses de idade. Não preciso dizer que minha irmã não ficou muito contente com isso. Mas Haddie sobreviveu a esse incidente sem mazelas. Ela até come uma fruta ou um legume de vez em quando sem protestar demais.

No entanto, o que você der a seu bebê hoje construirá o fundamento para hábitos saudáveis e vitalícios de alimentação. Por isso, sugiro que reflita por um momento sobre as consequências de como as suas escolhas de comida de hoje afetarão a vida de seu bebê para sempre — e depois pode se aborrecer comigo por tentar lhe vender essa observação como algo inspirador, quando, na verdade, você não precisa de motivação nesse momento. O que você precisa é que alguém lhe diga o que fazer para construir esse fundamento saudável.

Respire fundo agora. Você é esperta o bastante para saber que frutas e legumes e proteínas magras são saudáveis; que cereais e salgadinhos ingeridos com refrigerante não são a melhor coisa para seu bebê. E creio que sabe até que, ao introduzir seus filhos a uma variedade de alimentos saudáveis agora, isso lhe dará uma grande vantagem ao lidar com aqueles ataques inevitáveis de queijo e doces mais tarde. Estou aqui para ajudar. Evidentemente, minha ajuda não tem praticamente nenhum valor, pois não sou perita em comida, mas Alisa também está aqui para ajudar, e é assim que ela sugere iniciar seu bebê na melhor alimentação saudável possível.

- **Escolha muitas cores**... e não estou falando das cores encontradas em pirulitos. Em vez disso, procure produtos naturais coloridos — pois cores fortes e escuras costumam indicar frutas e legumes cheios de nutrientes. Quanto mais cores você der a seu bebê, maior variação de nutrientes ele receberá.

- **Intensifique o gosto**. Alisa me contou sobre uma cliente que a contratou para ajudá-la a descobrir comidas que seus filhos exigentes comeriam. Quando Alisa apareceu em sua casa, soube de imediato o que estava acontecendo: a mãe não estava acrescentando qualquer sabor à comida dos filhos. Experimentar muitos sabores diferentes desde cedo — como canela, curry, ervas frescas — ajuda a tornar seu filho menos exigente no futuro. E seja sincera, você prefere comer peixe sem tempero e purê de ervas ou aquele bacalhau assado com coentro que suas amigas devoraram no verão passado?

- **Use gorduras saudáveis**. Esqueça tudo que já ouviu sobre comida com pouca gordura. Não porque seja uma boa ideia se encher com batatas fritas e sorvete, mas simplesmente porque o ser humano precisa de uma dose de gorduras benéficas para preservar sua saúde. E isso vale especialmente para bebês. Por isso, use muitas gorduras saudáveis na dieta de seu bebê, que podem ser encontradas em alimentos como abacate, azeite e peixe, e não tenha medo de usar alimentos como iogurtes normais e leite integral.

Alergias alimentícias

Quando Joey nasceu meu pediatra me disse que eu precisava evitar qualquer alimento alergênico durante os primeiros anos de sua vida para diminuir o risco de desenvolver uma alergia alimentícia. E assim, já que sou uma seguidora férrea de regras, obedeci ao pé da letra. Joey não saboreou trigo, ovos, soja, peixe, frutas vermelhas e cítricas e nozes antes de seu primeiro aniversário. Se meu médico não tivesse me apresentado às novas pesquisas — que derrubaram toda essa estratégia de evitar alimentos alergênicos —, eu teria mantido Joey longe desses alimentos até entrar na faculdade. Imagine uma infância sem pé de moleque! O que eu estava pensando?

Mas felizmente para Joey, a maioria dos pediatras já não recomenda mais uma exposição tardia aos alergênicos, pois não há evidências que indiquem que isso evita qualquer alergia alimentícia. (Sério, pergunte ao seu pediatra... mas depois não diga que eu não lhe disse.) Vocês, mamães do tipo A, que precisam seguir regras, talvez entrem em pânico, mas não há nada de errado em dar a maioria dos alimentos para o seu bebê — inclusive alergênicos comuns como amendoins, ovos e produtos de leite — antes de seu primeiro aniversário. Isso significa que ovos mexidos no café da manhã, iogurte no almoço e peixe na janta são liberados!

Se não quiser correr nenhum risco, pode introduzir alimentos altamente alergênicos em casa, onde tem um antialérgico à mão e pode observar seu bebê durante algumas horas após a refeição. Mas tudo isso se resume ao seguinte fato: se seu filho é alérgico a amendoins, ele é alérgico a amendoins. Uma exposição tardia não evitará uma reação. E fato é que, se ele for alérgico a amendoins, você vai querer descobrir o quanto antes.

Evidentemente, existem algumas exceções a essas novas regras. Você deve falar com seu médico antes de dar alimentos altamente alergênicos a seu bebê, caso sua família apresente uma longa história de alergias alimentícias ou asma, ou se seu bebê apresentar qualquer sintoma de uma alergia, como, por exemplo, eczemas. E, é claro, procure seu médico ou vá à emergência imediatamente se achar que seu filho possa estar tendo uma reação alérgica.

O que não deve entrar na comida do seu bebê

Eu realmente estou virando de ponta cabeça o seu estilo de mamãe cristã, não estou? Acabei de lhe dizer que seu bebê pode comer praticamente tudo que quiser, e agora vou dar meia-volta e estragar isso apresentando uma lista de itens proibidos. Mas (se isso ajudar), na verdade, não se trata de uma lista inteira. São apenas algumas coisas pequenas:

- **Mel e xarope de milho** podem conter esporos que podem causar doenças muito perigosas como o botulismo infantil. Sugiro que mantenha seu bebê longe daquele sanduíche de creme de amendoim com mel até ele completar pelo menos um ano.
- **Frutas cítricas, milho e frutas vermelhas** podem causar terríveis assaduras em alguns bebês, portanto, caso detecte uma assadura, retire esses alimentos de seu cardápio.
- **Leite de vaca** não contém tudo que seu bebê precisa para crescer e se desenvolver, por isso, sugiro que permaneça fiel ao leite materno ou ao leite em pó até ele completar um ano.
- Por fim, existem muitos alimentos que representam **riscos de asfixia**. Corte uvas, salsichas, cenouras cruas, nozes e bifes em pedacinhos miúdos e

evite balas e pipoca até seu bebê ter idade para mastigá-las bem. E fique atenta a pedaços grandes no creme de amendoim. (Não se preocupe, você ainda pode comer colheradas inteiras do pote, mas não alimente seu bebê com isso.)

O miniguia da mãe cristã para as refeições

A não ser que seu bebê seja um gênio superdotado — caso em que você deveria estar pesquisando requerimentos de admissão universitária para crianças de dois anos —, é muito provável que ele não contribuirá muito para as conversas na mesa de jantar. Ainda. Mas os preparativos para maravilhosas refeições em família começam agora — no exato momento em que seu bebê começa a aprender o que significa uma refeição. Mostre a ele como é divertido se sentar à mesa para mais uma refeição caseira de macarrão com queijo (comprada no supermercado, é claro) com a ajuda dessas simples dicas para uma refeição em família:

- **Ore antes de comer**. Antes mesmo de minha sobrinha Greta começar a comer petiscos, ela já se sentava em sua cadeirinha alta e imediatamente curvava a cabeça e dobrava as mãos. Ela aprendeu cedo que, antes de comer, ela ora. E além de ser a coisa mais fofa do mundo, ela adquiriu o costume de agradecer a Deus por sua comida desde cedo.
- **Aceite o caos**. Não gaste o tempo de sua refeição tentando manter tudo limpinho e arrumado. (Afinal de contas, você tem um cachorro, não tem?) Por isso, adote algumas medidas simples (leia-se proteja tudo com uma fina camada de

plástico) para garantir que você possa desfrutar da refeição sem se estressar com a bagunça.

- **Evite lutas pelo poder**. Nada melhor para arruinar uma refeição em família divertida do que uma briga. Se seu bebê não quiser comer um novo alimento após experimentá-lo, não se estresse com isso ou tente forçá-lo; simplesmente continue e tente mais uma vez no outro dia. E no outro. E no outro (a chave aqui é a repetição).
- **Aproveite o tempo para criar laços**. Se seu bebê de dez meses acha mais divertido jogar batatas pela sala de jantar do que discutir política, ele pode ter razão. Você deveria tentar incluir seu bebê na conversa à mesa de jantar. Ensine-lhe desde cedo o objetivo de uma refeição em família. Coloque seu celular em toque silencioso (sim, estou falando de você também) e falem uns com os outros. Sobre algo que não envolva batatas espalhadas pela sala de jantar (veja: "Aceite o caos").

Razões pelas quais as mães da geração atual têm uma vida mais fácil

1. Frutas e legumes orgânicos podem ser encontrados em outros lugares além das feiras orgânicas.
2. Até mesmo restaurantes sofisticados têm cadeirinhas altas hoje em dia. E caviar no cardápio infantil.
3. Mamães da geração atual podem alimentar seus bebês fácil e rapidamente em carrinhos de compra, assentos de carro e no metrô. Observe que eu disse rápida e facilmente, não sem sujeira.

4. Até os babadouros têm mangas agora.
5. Hoje em dia, seu bebê pode ingerir cereais especiais, como arroz samba e quinoa. Sua dieta antes era tão limitada quando tinha acesso apenas a trigo, aveia e arroz.
6. Seu bebê come mais antioxidantes em um dia do que você comeu durante toda a sua vida.

Capítulo 13

Cuidando de você mesma

Como encontrar tempo para si mesma quando o bebê está chorando por atenção

Você já esteve *esgausta*? Espera aí, não? Talvez você só não saiba o que é *esgausta*? É aquele estado de confusão da mãe de primeira viagem em que você se sente tão esgotada e completamente exausta que a única coisa que pode ajudá-la a recuperar a sanidade é um café com chocolate e chantilly e algumas horas de sono no sofá. (Não nessa ordem, é claro.) Talvez eu tenha inventado a palavra *esgausta* (faço isso de vez em quando), mas só porque até agora não existia uma palavra na língua portuguesa para descrever como uma mãe se sente no fim de um longo dia — de um dia em que seu bebê dormiu apenas 12 minutos nas últimas 24 horas.

Minha amiga Donine me contou que, quando sua filha era pequenina, ela ficou tão *esgausta* tentando descobrir como amamentá-la que ela, inadvertidamente, expôs seu seio a uma pizzaria lotada de pessoas. No carro, ela tentara amamentar sua filha de duas semanas de idade, e após dez minutos frustrantes de tentativas mal-sucedidas, ela pegou seu bebê e entrou no restaurante para chamar seu marido. Só que, em seu estado de *esgaustão*, ela se esqueceu de uma pequena coisa — de fechar seu sutiã de amamentação e abotoar a blusa. Assim, ela saiu do carro, pegou a bolsa de fraldas e entrou com todo o estilo de uma mãe cristã que ela ainda conseguiu ativar. Quando entrou no restaurante, olhou para baixo e percebeu que seu estilo não era nada daquilo que pretendera.

Todas já passamos por isso. Ok, talvez não tenhamos todas passado exatamente por isso. (Sinto muito, Donine.) Mas cada mãe de primeira viagem já esteve *esgausta*, desesperadamente precisando de uma folga.

Dez maneiras de saber que você está *esgausta*

1. Você se pega colocando leite no compartimento de água da cafeteira. Ou pior, você não se pega colocando leite no compartimento de água da cafeteira, mas alguns dias mais tarde, percebe que a água em sua cafeteira apresenta uma cor estranha. E um cheiro nada agradável.

2. Não se lembra da última vez em que vestiu roupas limpas. Ou meias que combinassem.

3. Se pudesse escolher entre ir para a cama às oito da noite ou sair com seu marido às oito da noite, você escolheria a cama. Seja sincera.

4. Sua última atualização no Facebook diz "Querido bebê, se você dormisse um pouquinho mais, a mamãe seria muito mais divertida no parquinho..." e você fica um pouco ressentida pelo fato de seu bebê não "curtir" sua mensagem.

5. Orgulhosamente oferece um sanduíche de creme de amendoim e geleia ao marido quando ele volta do trabalho e lhe explica o esforço tremendo que você fez para preparar um "jantar decente".

6. Chora quando derrama leite. Quando derruba o cesto com roupa suja. Ou o pacote de cereais.

7. Você se pega assistindo a vídeos de coelhinhos cantores no YouTube.

8. Não acha que seja um problema seu bebê usar seu iPhone como mordedor.

9. A pilha de roupa em sua cama é tão alta que não há lugar para você nela. Por isso, você dorme no chão. Da cozinha.

10. O pó de café acabou. Por isso, você fica mastigando grãos de café com cobertura de chocolate durante o dia inteiro. E você se sente perfeitamente bem. Mesmo trêmula.

Evidentemente, parte de ser mãe é que você precisa continuar, mesmo que se sinta tão *esgausta* que fez todas as dez coisas dessa lista... em vinte minutos. Mas isso não significa que você possa simplesmente largar tudo, pegar o carro e dirigir até Napa (meu marido e eu fizemos isso uma vez quando éramos jovens e sem filhos e não sabíamos que dirigir 16 horas numa sexta-feira, sabendo que teríamos que estar de volta ao trabalho na segunda-feira de manhã, era uma má ideia). No entanto, você pode conseguir o descanso, o rejuvenescimento e o tempo que precisa para que, apesar de tudo, possa ser a melhor mãe que pode ser.

Tirando uma folga

A melhor coisa que você pode fazer para si mesma quando está *esgausta* é encontrar uma maneira de tirar uma folga. Esquecer a maternidade por alguns momentos. Lembro-me de um tempo, quando Joey tinha quatro meses, em que eu estava *esgausta*. Ele ainda não aprendera a dormir à noite inteira e me acordava para alimentá-lo e acalmá-lo o tempo todo. Para piorar a situação, meu marido havia retomado seu trabalho e estava enfrentando prazos malucos, tendo que fazer horas extras. Eu estava me sentindo abandonada, esgotada e precisando de uma folga.

Agora, veja só: meu querido marido percebeu que eu estava precisando de uma folga — meu ataque de choro porque eu não conseguia encontrar meus shorts cor de laranja podem ter servido como sinal para ele — e organizou um longo dia de folga só para mim. Ele se levantou, tomou banho, fez a barba e me deu um beijo de despedida como num dia de trabalho normal. Mas ele estava apenas me enganando. Pois vinte minutos mais tarde, ele voltou com um café e um cupcake da minha cafeteria preferida. Ele preparou o café da manhã e me explicou que organizara um dia inteiro de folga para mim, que incluía uma massagem, uma manicure, um almoço num restaurante e — o melhor de tudo — tempo para deitar no sofá e ler um romance sem ninguém babando nas páginas. Puro êxtase.

Vou fazer uma breve pausa para que você possa correr e pegar um marcador para marcar todo o parágrafo acima. Depois, pode deixar o livro aberto na cama e orar para que seu marido o leia e talvez se inspire a fazer o mesmo por você. Ou você pode simplesmente lhe dizer que é isso que quer.

Em todo caso, enquanto eu estava recebendo a massagem, comecei a pensar que se eu pudesse planejar um dia de folga por semana eu não só seria uma mãe melhor, mas também uma esposa mais sexy e ousada. A vida não pode ser tão dura assim se tiver uma massagem e uma manicure esperando por você. Mais tarde, tentei convencer meu marido dessa ideia, e ele concordou plenamente até perceber que eu estava falando sério e que ele não tinha o tempo nem o dinheiro para isso.

Após tudo isso, percebi que, apesar de um dia de folga completa ser uma coisa maravilhosa — e algo que todos os maridos devem fazer para suas esposas de vez em quando — criar minifolgas durante meus dias seria uma maneira proativa de preservar minha sanidade — e até meu casamento.

Descanso para a mãe

Para quando você realmente precisar de uma folga

Que o Deus da esperança os encha de toda alegria e paz, por sua confiança nele, para que vocês transbordem de esperança, pelo poder do Espírito Santo.

Romanos 15:13

Deus da esperança, obrigada por me encheres de alegria e paz mesmo quando estou me sentindo esgotada e exausta. Encontro paz em ti. Oro pedindo que fiques do meu lado e me ajudes a me refrescar e a me fortalecer para lidar com qualquer coisa que me espere nesse dia. Amém.

Sentimento de culpa da mamãe

Eu costumava dizer para mim mesma que não precisava de uma folga dos meus filhos porque trabalho. Tinha essa noção maluca de que, pelo fato de ter decidido trabalhar, eu precisava passar cada momento em casa com meus filhos. Fui ainda mais longe pensando que os cinco minutos que eu tirava para tomar banho bastava para me recuperar. O que mais podia esperar? Sacrificar cada momento do seu tempo livre não é uma expectativa que acompanha qualquer maternidade?

Hoje sei que todos esses pensamentos malucos eram resultado de uma condição muito comum chamada de sentimento de culpa da mamãe. E eu era um caso grave. Eu me sentia culpada por contratar alguém para cuidar dos meus filhos enquanto eu trabalhava, me sentia culpada por trabalhar apenas meio período e não ganhar tanto dinheiro para minha família quanto ganharia se trabalhasse em tempo integral. E toda vez que eu pensava em meu trabalho ou em meus filhos, ou no fato de que havia tomado meu último banho seis meses atrás, entrava numa espiral de culpa que só era interrompida quando atacava o estoque de chocolates na dispensa.

Antes de continuar, quero deixar claro que os sentimentos de culpa da mamãe não são exclusividade das mães que trabalham. O sentimento de culpa acomete todos os tipos de mães. Mães que trabalham se sentem culpadas por trabalharem. Mães que ficam em casa se sentem culpadas por não contribuírem para a renda familiar. Mães que trabalham em casa se sentem culpadas porque se sentem presas entre dois mundos e porque não conseguem focar completamente em nenhum dos dois. Creio que as únicas mães que conseguem escapar do sentimento de culpa são aquelas que têm dias de 48 horas — 24 horas para o trabalho e 24 horas para dar atenção aos filhos. Essas mães têm uma vida fácil. Mas quanto ao resto — nós nos sentimos culpadas.

Mas — e é aqui que começa meu sermão — não existe nenhum motivo para se sentir culpada! Não tenho dúvidas de que você orou muito antes de tomar as decisões que tomou pela sua família. Essas decisões são as decisões que funcionam para você. Não existe condenação em Cristo! E não há motivo para se sentir culpada pelas decisões que tomou — independentemente de você trabalhar, ficar em casa ou combinar os dois mundos. Além disso, não há motivo para permitir que os sentimentos de culpa a impeçam de tirar a folga necessária para superar a *esgaustão*. Pois quando você está *esgausta*, você nunca consegue ser a mãe, a esposa, a funcionária ou a mulher que Deus quer que você seja. Portanto, dê um fora no sentimento de culpa — ou na *esgaustão*. Vamos tirar uma folga.

Uma folga espiritual

Certamente não sou a primeira pessoa a dizer que você precisa ser determinada para encontrar tempo para Deus quando é mãe. Acredito que encontrar tempo para o crescimento espiritual seja uma das coisas mais difíceis para uma mãe. Antes de ter filhos, eu não tinha problemas para manter meu hábito devocional. Minha agenda de trabalho era previsível, por isso, podia levantar cada dia no mesmo horário, preparar meu café e passar algum tempo lendo a Bíblia e orando. Uma vez que adotei essa rotina, dificilmente a rompia.

Mas então veio o Joey. E você já sabe que os horários de sono de um bebê são imprevisíveis e já pode adivinhar que após o seu nascimento acordar no mesmo horário todo dia funcionou tão bem quanto o CD *Ensine álgebra ao seu bebê*, que recebi de uma amiga.

Mas só porque algo é difícil não significa que você não deva fazê-lo. (Pegue seu marcador e sublinhe esta última oração.) Sei que isso soa como algo que sua mãe lhe diria, mas ela é esperta. E tirar uma folga espiritual todos os dias é muito importante para sua saúde espiritual. Aqui estão alguns truques que me ajudaram a encontrar o tempo — e a energia — para reservar um tempo para Deus todos os dias:

1. **Agende um horário para seu momento devocional**. Logo após acordar não vai funcionar, a não ser que seu bebê tenha adotado o hábito de dormir como um estudante de faculdade — mas isso não significa que você não possa agendar um horário previsível para sua folga espiritual todos os dias. Eu costumava ler a Bíblia e orar durante a soneca matinal do meu filho. Você poderia fazê-lo também antes de dormir ou durante o banho do seu bebê (se seu marido for aquele que dá o banho).

2. **Compre um diário**. Eu sou escritora. Dizer que a ideia de anotar meus pensamentos num pequeno caderno para a posteridade me agrada é — no mínimo — redundante. É a coisa que mais gosto de fazer. Mas mesmo se você não for uma documentarista obsessiva como eu, um diário para anotar suas orações, suas descobertas espirituais e seus versículos favoritos pode ajudá-la a manter o foco durante seu momento devocional (essencial quando precisa sobreviver com duas horas de sono por dia). Além do mais, é muito divertido reler diários antigos e perceber quantas orações Deus respondeu.

3. **Use um manual**. Existe tanta literatura cristã maravilhosa que pode ajudá-la a se relacionar com Deus num nível mais profundo durante seu momento devocional. O livro que estou lendo nesse momento,

Mama Needs a Time-Out [Mamãe precisa de uma folga], de Heather Riggleman, oferece maravilhosos devocionais diários sobre como encontrar Deus no meio do caos da maternidade. Outra fonte que adoro é um livro que li com minha amiga Kathi Lipp. Seu título é *Praying God's Word for Your Life* [A Palavra de Deus como oração para a sua vida], e ele a orienta em como usar as Escrituras para orar por seus filhos, seus relacionamentos, suas ansiedades e qualquer outra área de sua vida.

4. **Ore continuamente**. Não existe razão para limitar suas orações a um pequeno período de 30 minutos do seu dia. (Isso é como limitar seu consumo de café de manhã.) Tenho tentado criar o hábito de orar durante o dia todo, sempre que penso em algo. Enquanto preparo o café da manhã, agradeço a Deus por suas incríveis providências. Enquanto brinco com meus filhos, oro para que tenham um futuro em Cristo.

5. **Ouça música**. Descobri que uma das melhores maneiras para me acalmar quando estou emocional e espiritualmente *esgausta* é tirar Dan Zanes do meu iPod (gosto dele, mas há dias em que não aguento ouvir nada que tenha a ver com trens) e substituí-lo por música de louvor e adoração, para acalmar meu espírito... e meus nervos.

6. **Tire minifolgas**. Só porque você não está em sua folga oficial não significa que não pode gastar alguns minutos lendo um devocional ou alguns versículos da Bíblia quando surgem alguns minutos de calma e tranquilidade.

Tenho uma lista de versículos calmantes presa à minha geladeira à qual recorro sempre que preciso me centrar rapidamente. E é isto que está na minha lista:

- Isaías 40:31: "Aqueles que esperam no SENHOR renovam as suas forças. Voam bem alto como águias; correm e não ficam exaustos, andam e não se cansam."
- Salmos 37:23-24: "O SENHOR firma os passos de um homem, quando a conduta deste o agrada; ainda que tropece, não cairá, pois o SENHOR o toma pela mão."
- Jeremias 29:11: "'Sou eu que conheço os planos que tenho para vocês', diz o SENHOR, 'planos de fazê-los prosperar e não de lhes causar dano, planos de dar-lhes esperança e um futuro.'"
- Efésios 2:10: "Somos criação de Deus realizada em Cristo Jesus para fazermos boas obras, as quais Deus preparou de antemão para que nós as praticássemos."
- Salmo 112
- Provérbios 3:5-6: "Confie no SENHOR de todo o seu coração e não se apoie em seu próprio entendimento; reconheça o SENHOR em todos os seus caminhos, e ele endireitará as suas veredas."
- Salmo 31
- 1Tessalonicenses 5:17-18: "Orem continuamente. Deem graças em todas as circunstâncias, pois esta é a vontade de Deus para vocês em Cristo Jesus."

Uma folga para a mãe que trabalha

Alguns meses atrás, eu disse para o meu marido que, se ele largasse seu emprego, minha vida seria muito mais fácil. Eu teria alguém que me ajudasse a ficar de olho no bebê e pegar os mais velhos na escola. Eu não teria que passar pelo estresse de encontrar uma babá para meus filhos quando tivesse um encontro com um cliente. E nunca mais teria que preparar o jantar com três filhos famintos e cansados me perturbando, enquanto meu marido estivesse em uma reunião de trabalho. Mas ele não gostou da ideia. Aparentemente, ele acha que pagar as prestações da casa e comprar comida é mais importante. Ele não vai largar seu emprego. E eu preciso encontrar um jeito de sobreviver sem uma babá à disposição 24 horas por dia. Alguns homens são bastante exigentes, não acha?

Mas acho que entendo meu marido. Mas isso não significa que eu não tive um breve período de luto quando vi meus sonhos desabarem. Agora que me recuperei, reconheço que a maioria de mães se encontra na mesma situação — sentindo-se um pouco *esgausta,* mas incapazes de entregar seus filhos a outra pessoa ou a passar um dia inteiro num salão de beleza. Mas você pode cuidar do seu bebê e de si mesma ao mesmo tempo. Aqui estão algumas folgas para você e seu bebê, que ambos podem aproveitar.

Minifolgas para você e seu bebê:

- Leve seu bebê ao parque e coloque-o no balanço.
- Folheie uma revista enquanto seu bebê brinca num cobertor.
- Beba uma xícara de chá enquanto seu bebê brinca perto de você. Se você estiver a fim, leia um livro para ele.
- Vá até uma loja de animais e deixe seu bebê olhar os gatinhos, os pássaros e os peixes.

- Arrumem-se e tire fotos de vocês. Mesmo se fizer apenas uma foto, você se divertirá muito observando todas as expressões engraçadas do seu bebê.
- Coloque seu bebê num carrinho e vá passear no shopping.
- Tomem um sorvete em sua cafeteria preferida (o café é só para você).
- Saiam. Relaxe ao ar fresco e encha seu tanque de vitamina D.
- Vá ao supermercado e fique longe da seção de bebês. A não ser que você queira ir lá, é claro.
- Ligue o som e dance na sala com seu bebê nos braços.
- Entrem no carro e contemplem as flores de primavera ou as cores de outono ou as decorações de Natal.
- Vá e compre um iogurte *frozen*.
- Minha amiga Jessica costuma enviar mensagens de "SOS" para suas amigas. Elas já sabem que isso significa que agora precisam pegar seus bebês e um pacote de biscoitos e ir para a sua casa imediatamente. Pois miséria se transforma em festa quando há companhia.
- Deite no chão — e saia de vista da pilha de louça suja na pia — e simplesmente passe algum tempo com seu bebê.
- Assista a *American Idol*. (Dica: você pode burlar toda essa questão de que seu bebê não deve assistir TV antes de completar 27 anos simplesmente virando-o de costas, permitindo que ouça apenas a música. Não que eu tenha feito isso algum dia.)
- Ligue o Skype e fale com a avó.
- Ligue o Skype e fale com sua melhor amiga que também tem um bebê para se lembrar de que sua casa maluca e caótica é, na verdade, uma casa maluca e caótica perfeitamente normal.

- Encontre um hobby para você e seu bebê. Tente observar pássaros (ou seja, passear pela vizinhança e mostrar os pássaros para seu bebê) ou massagens (esfregar os dedinhos do pé do seu bebê até ele adormecer).

Tirando uma folga apenas para você, você, você

Eu costumava ver o tempo de soneca como tempo para resolver coisas na minha lista. Colocava meu bebê no berço e imediatamente me transformava em uma diva doméstica, passava e dobrava roupa, lavava a louça e varria o chão. E durante o tempo todo eu me incentivava dizendo a mim mesma que, se não conseguisse passar a roupa ou lavar a louça, eu seria um fracasso completo. Não sou dura comigo mesma. Não mesmo.

Foi necessário um sermão sério do meu marido — e o incidente do chiclete na máquina de lavar roupas — para me convencer que eu podia muito bem tirar uma folga de alguns minutos durante o dia para mim mesma. E sim, a roupa precisa ser passada por alguém (e se sua casa funcionar como a minha, esse alguém não será seu marido), mas ela pode ser passada mais tarde. Estou lhe dando minha permissão oficial de tirar uma pequena folga.

Minifolgas somente para a mãe

- Comece a escrever aquele romance que você tem em mente desde a quarta série. E não importa se consegue escrever apenas duas páginas antes de seu bebê acordar. Ou antes de ele completar dez anos.

- Ligue para sua amiga de infância.

- Contemple as fotos da infância dos filhos de sua melhor amiga no Facebook e comente que eles se parecem muito com ela quando ela era criança.
- Planeje suas próximas férias.
- Leia um romance.
- Redecore seu quarto. Em sua mente, pelo menos.
- Assista a *Acumuladores*. Depois, cumprimente-se por ter um lar tão arrumado.
- Esvazie sua gaveta de bagunça. (Sim, para algumas pessoas isso tem um efeito terapêutico. Para mim, não, mas juro que existem mulheres que gostam de coisas desse tipo.)
- Mande uma mensagem ousada para seu marido.
- Pesquise roupas de bebê na internet, mesmo que acabe não comprando nada.
- Leia as atualizações mais recentes em seus blogs favoritos.
- Veja quantas pessoas você pode levar a "curtir" sua atualização no Facebook em vinte minutos.
- Tome um banho. E fique o tempo suficiente no chuveiro para raspar as pernas e enxaguar o condicionador.
- Pegue o livro de receitas e planeje um jantar que você faria se (a) estivesse a fim de cozinhar e (b) não estivesse aterrorizada de ir até o supermercado com seu bebê para comprar os ingredientes.
- Prepare um almoço *gourmet* para você mesma e saboreie cada mordida.

- Tome um banho de banheira e fique até a água esfriar.
- Faça abdominais. Nada se compara a fazer vinte abdominais para chegar à conclusão que você está perfeitamente satisfeita com sua barriga. Do jeito que está.
- Comece um novo hobby. Tente tricotar, observar pássaros ou pintar. Ou Facebook.

Capítulo 14

Treino intensivo para perder o peso ganho na gravidez

Como — finalmente — perder o peso extra

Para mim não foi problema aceitar o fato de que eu ganharia algum (ok, muito) peso durante a gravidez. Eu simplesmente atribuí isso ao fato de que meus bebês precisavam de grandes (quer dizer, *muitas* mesmo) quantidades de queijo e biscoito para crescer e se desenvolver. Mas todas essas justificativas perderam sua validade quando aqueles bebês saíram da minha barriga. Agora, eu tinha uma missão. Queria meu corpo pré-gravidez de volta, e eu faria qualquer coisa para consegui-lo. Bem, qualquer coisa não incluía passar muito tempo na academia ao lado de sósias de Jennifer Lopez ou uma dieta de quinoa e feijão-fava. Isso é loucura.

Mesmo assim, eu tinha aquela visão de jeans coladinhos de tamanho 36 antes da consulta de duas semanas do meu bebê. Eu já não aguentava mais o peso causado pela retenção de água, as estrias, a incapacidade de usar os moletons do meu marido. Eu não aguentava mais ser gorda. Assim, fiz o que qualquer mãe com três filhos faria após uma longa e difícil gravidez: me inscrevi numa meia-maratona e convenci Alisa, minha irmã atleta, a correr comigo.

Visto que eu havia passado minha vida inteira acreditando que uma aula de trinta minutos de kickboxing na academia bastava como exercício para equilibrar meu consumo de cookies de chocolate, isso era definitivamente algo incomum para mim. E quando tive um colapso no campo aberto e um ataque de hiperventilação após quase dois quilômetros durante o nosso treinamento — uma corrida que envolveu mais caminhada do que corrida —, eu estava disposta a desistir e voltar para meu lugarzinho aconchegante no sofá.

Mas a Alisa era uma instrutora militar autêntica (uma instrutora que me permitiu caminhar sempre que precisava e escondeu garrafas de isotônico em pontos estratégicos ao longo do nosso percurso de treinamento) e me convenceu a continuar correndo, a continuar treinando. Dois quilômetros se transformaram em quatro; quatro, em oito. Quatro meses depois, eu percorria um trecho de dez ou onze quilômetros, alternando fases de caminhadas com fases de corrida. Eu estava treinando muito. Para uma meia-maratona.

Olhando para trás, estou muito grata por ter feito isso. Não porque tenha sido sempre divertido (acredite, raramente correr é uma atividade prazerosa), mas porque serviu como grande incentivador para recuperar minha forma. A meia-maratona me ajudou a fazer muita coisa muito legal e fantástica — recuperar a forma, me alimentar de forma saudável e até mesmo conseguir uma folga dos meus bebês. Mas uma coisa essa correria não me ajudou a fazer — a perder todo o peso da gravidez.

Eu tenho uma teoria segundo a qual meu corpo propositalmente retém todo aquele peso por nove ou dez meses após a gravidez como castigo por tudo aquilo que eu o fiz passar durante a gravidez. Não se trata de um fato comprovado, mas faz sentido para mim. Estou lhe repassando toda essa informação desencorajadora para que você não cometa o mesmo erro e faça um monte de exercícios que não vão lhe ajudar em nada. Estou brincando — quero lembrá-la de que ser saudável envolve muito mais do que apenas perder peso. E se você estiver se alimentando corretamente e fizer alguns exercícios, o peso da gravidez (eventualmente) irá embora.

Eu (eventualmente) perdi o peso da gravidez e consegui completar a meia-maratona. Mas não nessa ordem. A meia-maratona aconteceu em outubro; eu finalmente consegui recuperar meu peso pré-gravidez em abril. E a despeito da probabilidade de que você possa ser uma daquelas mulheres raras que conseguem vestir meus jeans velhos sem mesmo pensar em comprar aquelas calças "intermediárias", existe também a probabilidade de ser uma mulher normal como eu — uma mulher que possui jeans "intermediários" em sete tamanhos diferentes.

Para garantir que você receba toda a ajuda para recuperar sua saúde, vou compartilhar minha instrutora militar (Alisa, minha irmã, uma nutricionista formada, não o *personal trainer* da Heidi Klum) com você, de graça. Ela lhe dirá como perder peso através de uma alimentação correta e saudável — sem fazer coisas malucas como beber batida de espinafre e fazer de conta que você gosta daquilo. Portanto, chegou a hora do tratamento de choque. Vamos começar a perder o peso da gravidez.

Seu aquecimento

Durante meu ataque furioso para perder meu peso da gravidez, eu não me importava nem um pouquinho com todas as razões pelas quais deveria ter tido paciência para começar.

Claro, meu corpo precisava de tempo e energia para curar, e sim, uma dieta e exercícios precoces podem causar exaustão e alteração de humor, e blá blá blá. Mas eu já estava cansada. E aquelas alterações de humor nada tinham a ver com o fato de que eu estava tentando perder peso rápido demais.

Não preciso lhe dizer que minha atitude estava errada. A verdade é que, se embarcar nessa viagem de perder peso cedo demais, você se prejudica mais do que ganha. Nesse momento, paciência é importante não só para preservar sua sanidade (o que pode ter sido o meu problema), mas também a sua saúde e a saúde do seu bebê. Segundo o senhor Google, uma redução precoce de calorias pode privar seu corpo da energia necessário para se recuperar da gravidez e pode até afetar sua produção de leite. E o senhor Google nunca mente.

Além disso, li essa história terrível na internet sobre como uma mãe que amamenta e perde peso rapidamente pode produzir toxinas que são armazenadas na gordura, e essas toxinas podem passar para o leite materno. Se isso não for motivação suficiente para você para não fazer aquela superdieta baseada no consumo exclusivo de abobrinha, o fato de que elas têm um gosto amargo no melhor dos casos deveria convencê-la.

Então, resumindo é uma ideia ruim tentar perder seu peso rápido demais. Em vez disso, você deveria primeiro falar com seu médico sobre o momento adequado para começar uma dieta e um programa de exercícios. Em segundo lugar, você deve implementar esse programa com paciência sem exagerar ou comer abobrinhas em excesso. Pois a corrida da perda de peso é conquistada pelas mulheres lentas e perseverantes. Ou algo assim.

Comer para perder o peso da gravidez

Alisa afirma que, quando trabalha com mães após a gravidez, ela costuma sugerir que suas clientes tentem perder mais ou menos 700 gramas por semana. Ela diz que essa taxa permite uma perda de peso constante e perceptível, mas que não afete a produção de leite materno e não lhes dá a sensação de serem obrigadas a abrir mão de alimentos gostosos. Evidentemente, a maioria de vocês dirá: "Maravilha! Eu adoraria perder 700 gramas nessa semana. Mas como?"

Para ajudá-la, Alisa fez uma lista de dicas supersimples e superúteis que lhe ajudarão a realizar isso, mesmo se for uma mãe do tipo A mais extrema que computa cada caloria que ingere, mas também satisfará aquela comedora relaxada que simplesmente deseja ser levada pelo fluxo da vida e, mesmo assim, quer perder o peso da gravidez.

- **Elimine 500 calorias**. Para perder os 700 gramas por semana, você precisa diminuir seu consumo em 500 calorias por dia. Pode fazer isso simplesmente (e sem matemática) focando sua alimentação em alimentos saudáveis como frutas, legumes, grãos integrais e carnes magras, o que significa automaticamente que você consome menos calorias do que se comesse Doritos o dia inteiro. Outra opção, para as mães que adoram números, é computar todas as suas calorias na internet ou usar um aplicativo como o *My Fitness Pal*. A maioria das mulheres precisa de 1.500 a 2.200 calorias por dia para permanecer saudável. Mães que amamentam precisam de 2.000 a 2.700 calorias por dia em média. Por isso, fique de olho nas calorias que ingere e, enquanto permanecer dentro dessas faixas de consumo, veja quantas calorias consegue eliminar de sua dieta.
- **Não pule nenhuma refeição**. A tentação de pular uma refeição aqui e ali é supergrande — afinal de contas, quem precisa de um café da manhã completo se uma xícara de café já basta? — para apressar a perda de peso. O problema é

que isso nunca dá certo. Alisa me explicou que, ao pular uma refeição você está programada a comer demais na próxima. E sejamos sinceras: quando você pula o café da manhã, às dez horas, seu humor está péssimo, e a única coisa que poderá melhorá-lo é um lanche. Ou uma porção gigante de sorvete.

- **Varie**. Creio que todas nós concordamos que qualquer dieta limitadora — seja uma dieta de aipo ou a dieta dos biscoitinhos — é, bem, limitadora. Seu corpo precisa de uma variedade de vitaminas e minerais para permanecer saudável, e você precisa de uma variedade de sabores para evitar um ataque a um bolo. E Alisa admite que esse conselho vai contra muitos conselhos dietéticos em moda hoje em dia, mas excluir um grupo inteiro de alimentos — sejam os grãos, gorduras ou carnes — de sua dieta pode ser mais danoso do que útil. Sim, existem algumas poucas pessoas com sérias alergias alimentícias a glúten ou produtos de leite, mas a maioria da população gozaria de uma saúde melhor se mantivesse uma dieta que inclui uma grande variedade de alimentos em proporções sensatas sem limitar ou excluir qualquer grupo de alimentos ou ingredientes.

- **Fique de olho no que você bebe**. Bebidas como refrigerantes, sucos e milkshakes com chantilly acrescentam muitas calorias e pouco valor nutricional. Beber água (*muita* água) é sua melhor maneira de hidratação. E se manter hidratada pode diminuir seu apetite. Como regra geral, se seu xixi for claro e apresentar uma cor fraca, você está ingerindo água em quantidades suficientes.

- **Coma gorduras benéficas.** Você se lembra dos dias em que diziam que, enquanto ingerisse alimentos sem gordura, estaria se alimentando de forma saudável? Lembro-me de comprar pacotes de jujuba pensando que estava comendo algo saudável, só porque a embalagem dizia "sem gordura". Evidentemente, naquela época, eu não teria ousado tocar em algo tão gorduroso como um abacate. Graças a Deus, a pesquisa tem mostrado que aquele movimento era equivocado. (Eu amo guacamole.) O consenso atual entre os nutricionistas e os peritos é que devemos limitar o consumo de gorduras saturadas pelo bem da saúde do nosso coração, mas que existem gorduras saudáveis que podem ser encontradas em abacates, azeite, nozes, azeitonas e peixe. Essas gorduras são saudáveis e, se você estiver amamentando, são superimportantes para o desenvolvimento do cérebro do seu bebê. E se houver algo que eu possa fazer para ajudar meu filho a receber uma bolsa integral para a faculdade, em vez de pagar milhares e milhares de reais em mensalidades, farei tudo que puder.

Exercícios para perder o peso da gravidez

Não quero estragar sua alegria causada pela notícia de que pode comer guacamole o quanto quiser, mas tenho uma notícia ruim para você. O senhor Google afirma que se você quiser perder o peso da gravidez e mantê-lo longe, precisa descobrir seu lado atlético. Sei que as informações do senhor Google podem não ser 100% confiáveis sempre, mas nesse caso a maioria dos peritos parece concordar. Na verdade, um médico me disse que, se você tentar perder peso apenas por meio de uma dieta, você corre o risco de perder massa muscular e não a gordura. De repente, me sinto muito motivada de enfiar meu bumbum numa calça de ioga, e você?

É claro que, antes de iniciar qualquer programa de exercícios, e especialmente se acaba de dar à luz, você deve falar com seu médico. Existem razões muito boas para isso — a mais importante é que você pode machucar seus músculos abdominais que ainda estão se recuperando se fizer muito, cedo demais. Além disso, a gravidez pode enfraquecer suas juntas, o que significa que sua coordenação pode não ser tão boa quanto era antes da gravidez. O que, por sua vez, significa que não deve fazer exercícios na academia que exigem que você segure um peso de cinco quilos enquanto dança ao som de Belinda Carlisle até que seu bebê tenha alguns meses de idade.

Quando seu médico a liberar para exercícios, você perde sua melhor desculpa para permanecer seguramente em seu sofá e precisa começar a inventar alguma outra desculpa criativa para não fazer exercícios. Se precisar de algumas ideias, tente: "Fiquei acordada a noite toda por causa do bebê, por isso preciso da pouca energia que me resta para sobreviver ao dia." Ou: "Meu antigo top não cabe mais em mim, e tive que encomendar um novo extragrande." Ou minha desculpa favorita: "Descobri que meu bebê fica mais nervoso quando faço exercícios. Deve ser todo esse ácido láctico no leite materno."

Em todo caso, eventualmente virá o dia em que sua motivação para perder o peso da gravidez supera a motivação para permanecer no sofá. E, nesse dia, a primeira coisa que você precisa fazer é ir até a loja e comprar roupas atléticas superfofas. É claro que, quando voltar para casa, precisa lavar, secar e passar todas essas roupas, de modo que, infelizmente, terá que passar mais alguns dias largada no sofá. E após lavar e passar todas essas roupas, talvez você queira lavar e passá-

-las mais uma vez para garantir que tudo esteja em ótimas condições para seu primeiro dia na academia. Depois, precisará de alguns dias para se preparar. Alguns dias para fazer alongamentos. Alguns dias para orar. Mas, uma vez que tiver certeza de que está pronta, você se levantará. Colocará os tênis. Tocará "Pump Up the Jam" em seu iPod e rapidamente escolherá outra música quando perceber que o ritmo é acelerado demais. Encherá sua garrafa de água. Fará xixi. E então se erguerá — orgulhosa — porque o dia (finalmente) chegou: você está prestes a praticar esportes.

Agora, segundo minha *personal trainer* e amiga Sarah, uma mãe que está retomando seus exercícios deve começar com 30 minutos de exercícios entre três a cinco vezes por semana. Se 30 minutos forem demais para você, pode dividi-los em três períodos de dez minutos ao longo do dia.

Meu único outro conselho é que — além de simplesmente levantar e sair — você precisa encontrar uma parceira de academia. Nada me inspira mais a levantar meu bumbum do sofá do que o risco de um sermão sobre como abandonei minha parceira e a deixei à mercê daquele instrutor de aeróbica maluco. Por isso, encontre alguém que tenha metas semelhantes e juntem as forças para cobrar uma da outra certa constância nos exercícios. Posso dizer que, sem a Alisa — minha parceira na meia-maratona — e sem minha amiga Rebecca, que me obrigou a sair e correr duas vezes por semana durante vários meses, eu jamais teria perdido o peso da gravidez.

Fazer exercícios com o bebê

Antes de prosseguir, quero ressaltar que seus exercícios não se parecerão em nada com suas idas à academia antes do bebê, quando você passava uma hora na esteira, seguida por uma longa visita à sauna e um drink saudável na cafeteria da academia. Pois agora você tem um bebê — um bebê que fica com fome e cansado e que acha que vinte minutos na academia basta como tortura para um dia. Ok, talvez seja você que ache isso. A boa notícia é que existem muitos exercícios físicos que você pode fazer com seu bebê. Aqui estão algumas ideias.

- **Participe de uma aula de fitness para mãe e bebê**. Adoro essas aulas. Há algo que me atrai muito em fazer exercícios com um instrutor capacitado em grupo. Além do mais, fico supermotivada em não ser "aquela mãe" que só consegue fazer sete agachamentos quando todo o resto faz oito, e isso garante um exercício maravilhoso. E — para ser sincera — até que é divertido. Mas não conte a ninguém que eu disse isso.

- **Compre um carrinho de corrida**. Quero deixar isso bem claro desde o início: o fato de você ter um carrinho de corrida não significa que precise correr. Eu odeio correr. Mas adoro fazer longas caminhadas com minhas amigas enquanto empurro meus bebês num desses carrinhos. É claro que você pode tentar fazer caminhadas longas com um carrinho normal, mas gastará mais tempo tentando alinhar as rodinhas e evitar que seu bebê seja sacudido o tempo todo.

- **Tente fazer exercícios que possam ser feitos com o bebê**. Fazer exercícios com meu bebê é uma das minhas atividades favoritas — ok, uma das minhas atividades esportivas favoritas. Tente os seguintes:

    - Faça agachamentos com seu bebê amarrado a seu corpo com uma faixa ou num canguru. Falando em peso extra...
    - Coloque seu bebê em um canguru e faça uma caminhada.

- Assista a um DVD de exercícios — por exemplo, de Billy Banks — e deixe seu bebê observar seus movimentos de sua cadeirinha alta numa distância segura. Apenas garanta que ele mantenha uma boa distância — eu sei o quanto as pessoas podem se empolgar com Tae Bo.
- Deite de costas e levante e abaixe seu bebê, beijando-o no nariz com cada repetição. Ou deite-o em seus joelhos com o rosto para baixo e cante enquanto você o balança.

Inscreva-se numa academia. Eu sei que academias podem ser caras — semana passada, calculei quantos cappuccinos eu poderia comprar com a mensalidade da academia, e isso bastou para me fazer ligar para a academia e cancelar minha matrícula. Mas me deixe lembrá-la de uma coisa — todos esses cappuccinos não estão ajudando você a perder seu peso da gravidez ou ficar mais saudável. Sua matrícula na academia, sim. Portanto, caso tenha dificuldades para encontrar tempo ou motivação para fazer exercícios, inscreva-se numa academia — numa que tenha creche — e lembre-se de quanto dinheiro está pagando em mensalidades. Isso sempre me motiva quando sinto o desejo de ficar no sofá em vez de ir à aula de Pilates.

Sua última dose de motivação antes de se levantar do sofá

Estamos quase prontas. Agora que a motivei a se alimentar de forma um pouco mais saudável e (talvez) a se exercitar, existe uma última coisa que preciso lhe dizer: mesmo se você conseguir perder todo o peso da gravidez com paciência e de forma saudável, seu corpo jamais será o mesmo. Criar um ser humano dentro de sua barriga tende a alterar as coisas. Antes, eu lhe disse que finalmente consegui recuperar meu peso pré-gravidez. O que eu não lhe disse é que ainda sou obrigada a usar um top especial todos os dias porque, apesar de os quilos terem desaparecido, a pele flácida continua na minha barriga. E meu quadril está mais largo. E meus pés ainda têm dobras de gordura. É um pouco irritante, mas finalmente estou conseguindo admitir que eu estou bem com isso. Pois tudo isso é um sacrifício pequeno pelos lindos bebês que Deus me deu. E a verdade é que, apesar de Deus nos chamar para cuidarmos do corpo que ele nos deu, ele nunca nos chamou para ficarmos obcecados com nossa aparência. O que realmente importa é como Deus nos vê. E posso lhe garantir que ele não está nem aí com aqueles quilinhos extras ou com a pele um pouco flácida na sua barriga.

Capítulo 15

O guia do pai cristão

O que pais precisam saber sobre bebês

Não que eu queira repetir a velha ladainha "Nós temos um útero", mas nós, as mães, passamos por muita coisa quando criamos um bebê. E, bem, digamos apenas que, após algumas semanas (ou mais) de exaustão e olheiras, sem falar dos nove meses de gravidez ou dois anos de burocracia de adoção, a maioria das mães precisa de uma pequena folga. Mesmo se forem apenas cinco minutos para fazer xixi sem ter alguém pressionando sua bexiga, é muito legal ter um superpai que venha ao socorro e dê essa folga a uma mãe cansada. Estou ouvindo um "amém", irmãs?

Claro, por mais fantástico que seja este superpai, existe um pequeno aprendizado quando se trata de cuidar de um bebê. E mesmo se seu marido for um daqueles caras que foi criado com um bando de irmãos e conhece os truques de trocar uma fralda tão bem quanto a palma da mão, ele mesmo assim terá que aprender uma coisa ou outra quando se trata de cuidar de um bebê. E é aqui que eu entro no jogo.

Eu não sou (obviamente) um pai, por isso, não posso lhe fornecer o bê-á-bá da paternidade. Mas fiz o melhor que pude: reuni um grupo de pais experientes para que me dessem um resumo daquilo que aprenderam em seu primeiro ano como pais. Eles me passaram tudo aquilo que aprenderam (por exemplo, nunca é uma boa ideia trocar a fralda do seu bebê no sofá de camurça branca da sua esposa) e compartilharam até alguns de seus maiores fracassos e sucessos, de forma que seu marido possa virar o seu príncipe em um cavalo branco e lhe dar a folga de alguns minutos (ou algumas horas) que você tanto precisa. Chegou então o momento para você passar o livro para seu marido e descansar enquanto ele se transforma no superpai. Ou pelo menos em um pai verdadeiramente maravilhoso que sabe exatamente o que fazer com um bebê aos berros às três da manhã.

O guia definitivo do pai cristão para bebês

Primeiro, deixe-me apresentar os conferencistas.

Troy já participou da nossa outra conferência e é meu irmão caçula. Suas habilidades como pai são muito recentes considerando que ele tem duas filhas com menos de dois anos de idade e um filho na idade pré-escolar. Ele espera que dessa terceira vez o charme e todas as lições que ele aprendeu com os bebês 1 e 2 lhe prestarão bons serviços durante o primeiro ano de Elsie.

Derek comprovou suas qualidades quando perguntei ao seu filho de um ano Conner que som a girafa faz. E Conner olhou para mim e fechou sua boca. Pois girafas não fazem sons. Está aí um garotinho muito esperto. Ou, como dizem seus pais, "um trabalhador dedicado". Em todo caso, Conner é uma das crianças mais doces, adoráveis e preciosas que conheço, e atribuo isso — pelo menos em parte — a seus pais maravilhosos.

A.J. voltou a ser pai de um bebê quando seu segundo filho Holden nasceu quase cinco anos após seu primeiro filho Jacob. E mesmo tendo que reaprender algumas habilidades paternais, A.J. jura que é como andar de bicicleta. Uma vez que você aprendeu a fazê-lo, jamais esquece.

Peter tem um filho de seis meses, Asa, e outro filho está a caminho — o que significa que a diferença entre seus filhos mais novos será de menos de um ano. Dois filhos usando fraldas. Dois filhos precisando de mamadeiras. Dois filhos precisando de praticamente tudo. Pelo menos, não terá que ter medo de esquecer como se cuida de um bebê.

Michael — que você talvez reconheça do meu painel de pais no livro sobre a gravidez — acaba de se tornar pai pela segunda vez. Dessa vez, de uma filha adorável, Emberly, que é dois anos mais nova do que seu irmão Caden. O que significa que Michael tem muita prática em ser pai de bebês — e muito tempo no meio da noite para contemplar os prós e os contras de um bom treinamento de sono.

E aqui está o que eles acreditam que você — e seu marido — precisam saber.

Troy: sobre brincar com bebês

Lição de bebê n°126: bebês não são tão divertidos como dizem, mas isso se deve ao plano de Deus.

Se você contar isso para a minha esposa, vou negar que disse, mas a minha filha de quatro meses é um tédio. Ela não faz nada divertido. Não fez nenhuma piada hilária de criança em toda sua vida, nem me ajudou a fazer um banho de lama para os insetos no jardim. Na verdade, em seus momentos mais excitantes, tudo que consigo arrancar dela é um sorriso ou uma breve gargalhada.

Sendo o auge da criação de Deus, você acharia que o ser humano se daria um pouquinho melhor em seu primeiro ano de vida. Recentemente, vi um vídeo de um urso polar de três meses, que escalou uma colina de gelo íngreme. Cavalos, vacas, cervos — todos eles conseguem ficar de pé dentro de poucas horas após o nascimento. E leões, bem, esses filhotes aprendem a caçar dentro de poucas semanas. Sinceramente, eu fiquei bastante decepcionado com as habilidades que meus filhos adquiriram durante os primeiros meses de vida. Por que Deus fez os bebês humanos tão — ouso dizê-lo? — entediantes?

Após refletir sobre isso, percebi que talvez a dependência dos nossos bebês fortaleça nosso relacionamento. É analógico ao nosso relacionamento com Cristo: se fôssemos capazes de fazer tudo perfeitamente a partir do primeiro dia, duvido que achássemos necessário confiar em nosso Criador. O mesmo vale para nossos filhos. Eles precisam de nós para, bem, praticamente tudo durante seu primeiro ano de vida. Mas ao satisfazermos suas necessidades, estamos lhes mostrando também o que é o amor de Cristo.

Por isso, pais, mesmo se seu bebê (ainda) não for seu coleguinha perfeito, não perca esses meses essenciais para estabelecer laços com eles. Segure seu bebê tantas vezes quanto puder. Sorria, leia e converse com ele. Em vez de se aborrecer pelo fato de ele não brincar de esconde-esconde com você, confie no plano de Deus para desenvolvê-lo lentamente, e aproveite os dias em que ele ainda se aconchega em seu colo. Pois acredite em mim: em alguns anos, você terá muitas oportunidades para construir fortalezas de almofadas na sala.

Derek: sobre liberdades educacionais

Lição de bebê n°432: às vezes, não faz mal abrir mão das regras e rotinas.

Tenho tentado convencer minha esposa a me deixar criar nosso filho com toda liberdade. Meu plano inicial consistia em comprar um casal de *border collies* (ou qualquer outra raça de pastoreio) e simplesmente colocar Conner no jardim com os cachorros e alguns *squeezie pouches* e deixá-lo correr solto todos os dias. Ele poderia explorar o jardim, brincar e aprender em seu próprio ritmo e se aconchegar nos cães sempre que quisesse cochilar. E acho que teria sido bastante seguro — se Conner se aproximasse demais da torneira de água ou tentasse pular a cerca, os cachorros o trariam de volta. Mas, imagine só, minha esposa enterrou a ideia antes mesmo dela sair da minha boca.

Falando sério, creio que existem bons argumentos para soltarmos as rédeas um pouco e deixarmos nossos bebês explorar o mundo. Não estou dizendo que devamos abolir todos os horários e todas as regras, mas apenas que existe um tempo e um lugar para deixarmos nossas crianças serem crianças. De vez em quando, quero libertar Conner de sua agenda, que determina que ele precisa dormir às nove da manhã, lanchar às dez etc. para permitir que ele explore e aprenda sem atividades estruturadas e jogos educacionais pré-fabricados. Tirá-lo de seu mundo protegido e permitir que suje as mãos um pouco.

Tenho certeza que minha esposa consentirá se eu lhe prometer que, amanhã, Conner fará seu cochilo às 9 e meia em ponto. E que eu assuma a função de pastoreio e não a deixe para os cachorros.

Michael: sobre conhecer seus filhos individualmente

Lição de bebê nº877: invista tempo para aprender como Deus criou cada um de seus filhos.

Quando achei que finalmente compreendia meu filho Caden, minha filha Emberly chegou e me obrigou a começar tudo de novo. Eu acreditava que um bebê é um bebê. Mas não, a rotina de dormir, fazer cocô e comer é diferente em cada bebê. E assim, todos os truques e táticas que eu havia aprendido com Caden não funcionaram com Emberly. Tive que começar do zero.

Enquanto palavras calmas tendiam a acalentar as lágrimas de Caden, Emberly se acalma quando a balanço suavemente nos braços. E enquanto Caden precisava de uma rotina de sono para aprender a dormir, Emberly precisava de um quarto escuro e calmo. E enquanto caretas e barulhos engraçados sempre faziam Caden cair na gargalhada, Emberly começava a chorar.

Descobri que a melhor maneira de conhecer as personalidades individuais dos meus filhos é passar um tempo a sós com cada um deles. Quando estamos todos juntos, tendo a reagir àquela criança que está chorando ou rindo mais. E em meio ao caos, é difícil desenvolver uma sensibilidade para a singularidade de cada um. Mas quando faço o esforço de passar tempo com cada um, começo a aprender um pouco sobre como eles funcionam.

Algumas semanas atrás, levei Emberly numa excursão ao supermercado. Coloquei-a no carrinho de compras e a empurrei pelos corredores. Apontei as cores das frutas e as luzes da decoração natalina, e ela simplesmente adorou. Percebi que, apesar de ser mais reservada em casa — provavelmente em decorrência da faladeira constante de seu irmão mais velho — ela é uma criança que gosta de receber atenção. E assim fiz uma nota mental de passar tempo a sós com ela todos os dias.

Creio que o melhor conselho que posso dar a outros pais é afastar seu bebê de todas as outras pessoas — até de sua mãe — para conhecê-lo num nível mais individual. Mesmo se for apenas uma rápida visita ao supermercado ou uma caminhada pela vizinhança, esses minutos lhe ajudarão a criar um relacionamento com seu bebê e a conhecer a pessoa que Deus criou como seu filho.

Peter: sobre alimentação noturna

Lição de bebê nº987: é muito provável que sua esposa cuide da alimentação noturna sem que você nem mesmo perceba.

Asa, meu filho de seis meses, é adotado. Isso significa que o alimentamos com mamadeira. O que significa que eu posso alimentá-lo tão bem quanto minha esposa. O que significa — como minha esposa tem me lembrado inúmeras vezes — que eu sou perfeitamente capaz de assumir 50% das alimentações. Isso não deveria ser uma revelação merecedora de menção para um pai tão inteligente como eu, mas é! Haddie, minha primeira filha, foi amamentada, o que significa que eu pude dormir tranquilamente enquanto minha esposa a alimentava, e eu só acordava nas raras ocasiões em que valentemente decidia dar uma folga à minha esposa.

Mas, no caso de Asa, eu era perfeitamente capaz de assumir pelo menos metade das alimentações noturnas a partir do primeiro dia. O que significava que tive que me levantar no meio de cada segunda noite para dar a mamadeira para o mocinho. Depois de uma semana com essa rotina, eu estava exausto! E então — surpresa! — minha esposa engravidou novamente. E visto que ela sofre terrivelmente com o enjoo matinal, sabia que eu precisava mostrar minha masculinidade e fazer a única coisa correta e assumir todas as alimentações noturnas.

Cara — vou lhe dizer —, foi duro. Às duas da manhã, o mocinho pedia a mamadeira e, às vezes, mais uma vez às cinco. E, em algumas noites, ele acordava de três a quatro vezes. Certa noite, fiquei acordado — imagine só — durante cinco horas tentando fazê-lo dormir. Não demorou e me transformei num caos nervoso, movido a café. Perguntei à minha esposa se isso era normal — afinal de contas, ela parecia ter sobrevivido aos primeiros dias de vida de Haddie com muito mais graciosidade e postura do que eu — e ela simplesmente sorriu e disse que sim. Aparentemente, a maioria dos bebês costuma acordar várias vezes durante a noite. E a maioria das mães se levanta várias vezes toda noite para cuidar do filho. Toda noite. Durante meses.

Pais, nossas esposas são heroínas! Como alguns de vocês sabem, as alimentações noturnas, noite após noite, semana após semana, são extremamente cansativas, e muitas esposas dão conta disso sem praticamente nenhuma folga durante meses. E assim, se você puder, ofereça à sua esposa uma folga ocasional (ou frequente), e não se esqueça de agradecer a ela. Pois levantar no meio da noite não é tão fácil quanto parece.

Troy: sobre marcos e conquistas

Lição de bebê n°1432: demonstre sua alegria sobre cada conquista de seu bebê, mesmo quando você não se sentir assim.

Aparentemente, existe algum tipo de curso on-line (ou talvez seja um grupo no Facebook) que todas as mulheres fazem. Este curso fala sobre marcos de conquistas do seu bebê. Pois cada mãe que conheço está superligada em prazos e idades em que seu bebê deve aprender a sorrir, rir, rolar e arrotar. Recentemente, minha esposa me contou tudo sobre como nossa filha Elsie estava absolutamente dentro dos prazos previstos para alcançar seu próximo marco. Tentei ouvir e me mostrar interessado — sério —, mas após algum tempo tive que perguntar: "O que é um marco?"

Parece que, a cada minuto, Elsie está prestes a conquistar outro marco enorme. E, independentemente da excitação da minha esposa (e da minha mãe), pergunto-me se todo esse circo é realmente importante. Realmente precisamos tirar centenas de fotos e publicar um comunicado à imprensa no dia em que o restinho do cordão umbilical se solta? E a Elsie nem contribuiu para que isso acontecesse.

Então, na semana passada, quando voltei para casa e minha esposa veio correndo, gritando: "Você não vai acreditar! Elsie acabou de engatinhar para trás! Ela deveria estar fazendo isso apenas em duas semanas!", tentei fazer a minha cara de papai orgulhoso e demonstrar minha alegria. Mas a verdade é que eu só conseguia ver um bebê deitado no chão. Após fixar meus olhos nela, posso ter visto um leve movimento para trás, mas não tenho certeza.

Confesso que os marcos não me deixam muito excitados. Entendo que é legal ver nosso bebê crescer e aprender, mas a verdade é que essas conquistas menores são bastante rotineiras. Até hoje não conheci nenhum bebê que não tivesse perdido seu cordão umbilical durante seu primeiro ano de vida. Mas nossas esposas adoram esse tipo de coisas. Elas registram cada evento em seus diários de bebê e mandam uma mensagem para todas as amigas e discutem cada avanço quando se encontram no parquinho. Por isso, meus amigos, demonstrem alegria sobre todo marco conquistado por seu bebê, pelo amor de suas esposas. Pois mesmo se aquele movimento imperceptível não for importante para você, é importante para ela.

A. J.: sobre equipamentos necessários

Lição de bebê n°2335: você pode não ter o necessário para ser a mãe do seu bebê, mas tem tudo que precisa para ser pai.

Ás vezes, me sinto muito inútil quando se trata de ser pai dos meus filhos. A verdade é que ambos preferem a mãe: ela possui todo o equipamento necessário para alimentar, nutrir e protegê-los. Semana passada, quando voltei do trabalho, minha esposa me entregou nosso filho de cinco meses, e ele começou a chorar imediatamente. Eu o balancei; eu o abracei; o segurei — nada adiantou. Ele queria sua mamãe. E eu me senti como o maior fracasso de pai.

Mas minha doce esposa — após pegar o bebê e amamentá-lo — me lembrou de que eu não sou a mãe do Holden. E que não fui construído, nem física nem emocionalmente, para fazer as coisas que uma mãe faz. E não há nada de errado com isso, pois sou um homem — e mesmo sendo um fracasso total nas coisas de "mãe", sou muito bom nas coisas de "pai".

E assim parei de tentar fazer coisas de "mãe" e comecei a tentar fazer as coisas de "pai" com meus filhos. Sento-me no sofá com meus filhos e converso com eles sobre esportes, meu tempo no exército e sobre minha rotina de exercícios na academia. Fazemos brincadeiras de meninos. Amo a mãe deles — trato-a com respeito para que meus filhos aprendam o que significa ser cabeça de uma família. Parei de tentar ser algo que não sou — e assim me tornei muito melhor sendo a pessoa que sou.

O Guia do pai cristão, em resumo

(para os pais que só têm tempo para ler uma única página)

- É uma pequena decepção que seu bebê não conseguirá jogar baralho com você antes de completar quatro anos, mas isso não significa que você não deve brincar com ele.
- Você não foi feito para ser uma mãe — nem física nem emocionalmente —, por isso, em vez de tentar ser uma mãe, comece a tentar ser pai.
- Alimentações noturnas são cansativas. E seu estado de inconsciência noturna não é uma grande ajuda para sua esposa.

- Os filhotes de cervos podem até ser capazes de andar a partir do primeiro dia, mas seu bebê vence de longe na categoria de fofura.
- Se seu bebê conseguir mexer seu dedo e sorrir ao mesmo tempo, tire um milhão de fotografias e conte para sua mulher como seu bebê é extraordinário. As mães adoram isso.
- Saia com seu bebê sem seus irmãos e sem a mãe e descubra sua personalidade.
- Sério, você não tem o equipamento para ser mãe. Não vale a pena nem tentar.
- Cachorros de pastoreio não são boas babás. Pelo menos na opinião da maioria das mães.

Capítulo 16

Ajudando o papai a criar laços

Aproximando-se do papai

Antes de ter meus filhos, as pessoas me advertiam constantemente de como seria difícil manter viva a chama do romance em meu casamento com crianças correndo pela casa. Prediziam o quão exausta eu estaria, como nunca teria tempo para meu marido e que, mesmo encontrando o tempo, estaria cansada demais para fazer qualquer coisa a respeito disso. Meus hormônios estariam em alta; e meu apetite sexual, em baixa, e meu marido seria ignorado enquanto eu estivesse lidando com fraldas e horários de amamentação e cochilos.

E eu ouvia cada coisa que elas diziam e rapidamente etiquetava suas sábias palavras como "coisas que posso dizer às pessoas quando estiverem grávidas". Porque nada disso aconteceria comigo. Meu casamento era diferente, e *nós* estaríamos bem. Não, melhores do que bem. Nosso casamento se tornaria ainda mais íntimo e mais romântico do que antes. Seríamos aquele casal que todos os outros invejariam.

E isso durou tanto tempo quanto meu marido levou para me irritar quando entrei em trabalho de parto. Cinco minutos, mais ou menos. Após voltarmos para casa do hospital, havia o ocasional: "Que tal sentarmos aqui no sofá e conversarmos um pouco?", que rapidamente se transformou em: "Que tal sentarmos aqui no sofá e cochilarmos um pouco?" E frequentemente dizíamos: "Nosso romance melhorará assim que nosso bebê for mais autossuficiente." (O que não acontecerá até (a) ele se casar ou (b) você perder seu controle sobre a realidade). Em todo caso, após uma semana em casa, nosso casamento havia se transformado em tudo que as pessoas haviam dito.

Agora, antes de entrar nos detalhes sobre a perda do nosso romantismo, quero deixar uma coisa bem clara desde o início: isso não foi culpa minha. Eu estava me entregando e dedicando ao casamento, estava seguindo cada conselho que qualquer pessoa havia me dado sobre como eu devia passar ao meu marido a sensação de que ele ainda era importante. Não consigo me lembrar de todos os detalhes, mas tenho certeza de que gastei pelo menos dez minutos conversando com ele ao longo das primeiras semanas após o parto. E como se isso não bastasse, falei também sobre muitos assuntos estimulantes — como minha necessidade de dormir e os padrões de defecação do bebê — pelo menos seis vezes em cada conversa. Eu realmente fiz um esforço galáctico.

Mas — e isso pode chocá-la — todo meu esforço não foi o suficiente. As coisas começaram a ruir. Afastamo-nos cada vez mais um do outro até chegarmos a um ponto em que mal conversávamos um com o outro — e quando conversávamos, falávamos sobre o bebê e não sobre nós. Nunca ríamos. Nunca namorávamos no sofá. Nunca fazíamos sexo. Aconteceu o impensável: transformamo-nos nas pessoas das quais as outras pessoas nos haviam advertido. Transformamo-nos em estatística.

Toda essa conversa sobre estatísticas me levou a pensar em matemática, e pensar em matemática me fez perceber que algo drástico precisava ser feito — *imediatamente*. Pois qualquer coisa que me faça refletir seriamente sobre matemática é evidentemente uma matéria muito seca. Mas toda essa dor causada por números gerou uma ideia. Uma ideia que gosto de chamar de iniciativa "Ajude papai a criar laços" — uma ideia que pode ajudá-la a superar o fenômeno do "seu casamento está condenado porque você agora tem um bebê", mas que também pode ajudá-la a ajudar seu marido a criar laços com seu bebê e a ser o líder espiritual que Deus quer que ele seja. Uma meta alta, eu sei, mas você é uma agente do tipo James Bond, não é?

Ao longo das próximas páginas, a desafiarei a ajudar seu marido a ajudar a si mesmo — e, nesse processo, ajudar você a salvar seu casamento daquelas risadas de todas aquelas pessoas que encheram sua cabeça com suas advertências sobre a ruína do seu casamento. Essas ideias também a ajudarão a construir um casamento que satisfaça os padrões matrimoniais que Deus estabeleceu na Bíblia. Pois no final das contas nosso alvo deve ser lhe servir com nossas vidas, nossa família e nosso casamento.

Com isso em mente, reuni um punhado de coisas pequenas — nós as chamaremos de atividades — que você pode fazer para ajudar seu marido a criar laços com você e seu bebê. Algumas das coisas o ajudarão a se relacionar com você. Outras o ajudarão a se relacionar com sua família. E outras ajudarão vocês a se relacionar como família. Não se preocupe, não exigirei nenhuma maluquice como uma conversa profunda sobre seus sentimentos ou que você vista lingerie. Não no início, pelo menos. Mas cada uma dessas coisas a ajudará a ter o casamento que você deseja — e, mais importante, o casamento que Deus quer para você.

Descanso para a mãe

Para quando você estiver orando por seu marido:

Agradeço a meu Deus toda vez que me lembro de vocês. Em todas as minhas orações em favor de vocês, sempre oro com alegria por causa da cooperação que vocês têm dado ao evangelho, desde o primeiro dia até agora. Estou convencido de que aquele que começou boa obra em vocês, vai completá-la até o dia de Cristo Jesus.

Filipenses 1:3-6

Amado Senhor, eu te agradeço pelo meu marido. Eu te agradeço por me abençoar com um homem do qual eu me orgulho como parceiro em minha aventura de criar uma família. Oro para que tu enchas sua vida com a paz e a esperança que resulta de te conhecer. Opera na vida do meu marido, Senhor! Ao passo em que ele cresce como pai, ajuda-o também a crescer como homem, para que o plano que tu tens para a vida dele seja realizado. Amém.

A 1ª atividade "Ajude o papai a criar laços": ajude o papai a criar laços com você

Meu casamento alcançou o fundo do poço logo após o nascimento da nossa filha Kate. Tínhamos dois filhos com menos de dois anos de vida — o que significava dois filhos usando fraldas, que precisavam de mim 24 horas por dia, e um marido que certamente entendia que eu estava ocupada e cansada e emocionalmente exausta e não tinha tempo para gastar com coisas como ser legal com ele. Mas descobri que ele não entendia isso tão bem quanto eu havia esperado. Por alguma razão, ele se sentiu um pouco negligenciado.

Bem, naquela época, minha amiga leu um livro chamado *The Husband Project* [O projeto marido], de Kathi Lipp. A essência do livro é que ele a ensina a realizar 21 projetos secretos — coisas como preparar um jantar gostoso ou comprar um pequeno presente surpresa para ele —, para fazê-lo se sentir amado e abençoado e para lhe dizer que seu relacionamento com ele continua sendo uma prioridade em sua vida. Minha amiga pediu que eu lesse o livro e fizesse todos os projetos com ela, para que cada uma pudesse prestar contas à outra.

No início, a ideia não me deixou muito excitada. Eu estava tão, tão cansada. E sofri um colapso momentâneo quando percebi que fazer todos esses projetos aumentariam as minhas tarefas e sem falar do fato de eu me sentir totalmente desgastada e de, na verdade, não estar a fim de fazer coisas legais para qualquer outra pessoa — principalmente meu marido. E eu me disse que era ele quem deveria estar fazendo coisas legais para mim, e não vice-versa. Mas não disse essas coisas em voz alta. Porque, você sabe, mães cristãs não dizem coisas desse tipo.

Acabei me unindo à minha amiga na leitura do *The Husband Project*, não porque eu queria, mas porque Deus me convenceu de que era a coisa certa a fazer. Mas então aconteceu a coisa mais estranha: assim que comecei, comecei a me divertir. Descobri que eu me divertia fazendo coisas legais para meu marido. Era viciante. Eu colava bilhetes em seu espelho e comprava pequenos presentes para ele e lhe dava uma folga quando ele menos esperava. Eu até liguei para sua pizzaria favorita e pedi que entregassem sua pizza favorita em seu emprego. E ele se sentiu tão especial! E adorei o fato de que coisas pequenas — que me custavam menos de cinco minutos — estavam causando um impacto tão grande na vida dele.

E, caso você esteja se perguntando o que ganha com isso, esse projeto supersecreto também me ajudou. Meu marido ficou mais dócil comigo. Ele se sentiu amado e respeitado, e assim ele pôde me mostrar que me amava e me respeitava também. Eu havia entrado nesse projeto com as melhores das intenções — de abençoá-lo —, mas acabei sendo abençoada também.

Você não precisa criar um projeto elaborado — apesar de ser muito divertido — para fazer com que seu marido se sinta amado. Mas você precisa se dedicar a isso e fazê-lo de todo coração. E perceber que, apesar de ir um pouco contra a lógica, uma das melhores coisas que você pode fazer para seu relacionamento é tratar seu marido com o amor e respeito que ele merece, independentemente de você se sentir a fim — ou não — de fazê-lo.

A 2ª atividade "Ajude o papai a criar laços": ajude o papai a criar laços com você — à noite e com velas

O fato de sua vida sexual ter ido pelo ralo e desaparecido desde que teve seu bebê, na verdade, nada tem a ver com o fato de seu ombro estar coberto de vômito e você ter migalhas de cereais em seu sutiã de amamentação. Não, o declínio pós-parto da sua vida sexual se deve a uma única coisa: você está tão cansada que, se puder escolher entre sexo e sono, você escolherá o sono. Sempre.

Mas — caso você tenha esquecido isso em seu frenesi maternal — sexo é divertido. E sexo faz bem ao casamento porque ajuda você a se sentir toda derretida com seu marido. O que, por sua vez, faz você olhar para o mundo e sua vida pós-bebê com um sorriso estampado em seu rosto. Por mais meloso e romântico que possa soar, Deus a abençoou com um marido que — a despeito de sua falta de conhecimento para remover manchas — é o máximo. E isso significa que você deve tratar a intimidade em seu casamento como prioridade.

Maneiras de melhorar a vida sexual sem completamente abrir mão de seu sono

1. **Use velas**. Crie o clima — acenda a lareira e abra uma garrafa de vinho ou acenda algumas velas em seu quarto. Preparar o ambiente não só ajuda a criar o clima apropriado, mas também dirá a seu marido que você está no clima.

2. **Faça sexo quando seu bebê estiver dormindo**. A pessoa que disse que sexo precisa ser uma atividade noturna ou era (a) uma pessoa noturna e (b) um pouco entediante. Pois quando você é mãe, aprende a resolver as coisas quando dá tempo de fazê-las. E se isso significa fazer sexo enquanto seu bebê estiver cochilando, aproveite. Mas tente não fazer barulho para não acordá-lo.

3. **Faça sexo no escuro**. Eu vou falar por seu marido e lhe dizer que ele a acha a pessoa mais sexy do mundo — a despeito das estrias e do peso da gravidez. Mas eu sei como uma mulher pode se sentir tudo menos sexy após o parto. Então, se sentir melhor com as luzes apagadas, deixe-as apagadas.

4. **Faça sexo rápido**. Quer saber de uma coisa? Eu vou ser bem direta: não há nada de errado com o sexo rápido. Beije. Faça. Abrace. Beije de novo. E tente dormir o mais rápido possível para conseguir suas duas horas de sono antes que o bebê a acorde de novo.

5. **Simplesmente faça**. Suspeito que o lema da Nike acertou em cheio, pois acredito que, assim que você fizer sexo uma ou duas vezes, vai querer repetir a dose. Às vezes, basta voltar a montar o cavalo para perceber o quanto é divertido (o jogo de palavras é intencional).

A 3ª atividade "Ajude o papai a criar laços": ajude o papai a criar confiança

Deixe-me adivinhar: seu marido não faz as coisas do jeito que você quer que ele faça? Por exemplo, quando pergunta "Você poderia dar um banho ao bebê?", quer dizer: "Você pode levar o bebê para o andar de cima, tirar suas roupas, encher a banheira com água quente, cantar músicas engraçadas sobre peixes enquanto ele brinca, lavar seu cabelo com xampu de bebê, secá-lo e fazer uma massagem com loção de bebê antes de vesti-lo de novo?". Mas seu marido ouve: "Ei, pegue um lenço úmido e limpe as mãos do bebê."

Bem, confesso que se isso acontecesse comigo — não que tenha acontecido —, eu provavelmente diria algo sarcástico sobre como um lenço úmido não é um banho e então pegaria o bebê e o faria do meu jeito. Mas — veja só — sarcasmo e fazer as coisas você mesma do seu jeito não é bom para a autoestima do seu marido. Na verdade, pesquisas reais de peritos reais mostraram que quanto mais você criticar seu marido, menor a probabilidade de ele confiar em uma habilidade. O que significa que, quanto mais você criticar seu marido por cuidar do bebê do jeito dele, menor é a probabilidade de ele ajudar você a cuidar do bebê.

Mas se ajudar seu marido a confiar em suas habilidades como pai ajudará também a melhorar seu casamento. Você não só terá alguém para ajudá-la a trocar uma fralda ou para assumir uma alimentação no meio da noite — quanto mais tempo seu marido gastar criando laços com seu bebê, mais confiante ele ficará como pai, como marido e como homem. E quando seu marido confiar mais em si mesmo, seu casamento ficará mais forte. É meio que importante.

Assim, a fim de ajudá-lo a melhorar sua autoestima (e a criar laços com você e seu bebê), quero que tente algo novo. É muito simples. Basicamente, quero que você, toda vez que seu marido lhe ajudar com o bebê e cumprir sua tarefa — mesmo se ele fizer de um jeito totalmente diferente do seu —, diga: "Puxa, bom trabalho, querido!" e sorria. E pronto. Não revire os olhos. Não pergunte por que ele não pode fazer do seu jeito. Não pegue o bebê dos seus braços e refaça tudo. Apenas respire fundo e diga: "Puxa, bom trabalho, querido!"

Vamos treinar um pouco:

- O pai acaba de levar o bebê para o quarto para vesti-lo e o bebê volta vestido com um casaco de inverno (é verão) e uma sunga de banho.

  O que você diz? "Puxa, ele ficou lindo. Bom trabalho, querido!"

- O pai leva o bebê em uma pequena aventura para que você possa dormir um pouco e só volta às 11 e meia... duas horas após a hora da soneca do bebê.

  O que você diz? "Puxa, obrigado por me dar uma folga tão longa. Bom trabalho, querido!"

- O pai vai ao supermercado e volta com balas, café e refeições congeladas. E só.

  O que você diz? Sim, já adivinhou: "Puxa, você foi fazer compras! Bom trabalho, querido!"

Talvez você ache que todos esses elogios serão uma péssima ideia porque acabará criando um marido que acha que cereais e queijo são um menu gourmet. Mas acho que você se surpreenderá. Porque se seu marido for como o meu (e espero que ele nunca, jamais leia isso, senão ele descobrirá minha estratégia secreta), ele se sobressairá com os elogios. E quanto mais você o elogiar, mais ele tentará lhe agradar. E provavelmente ele é inteligente o suficiente para — eventualmente — entender que lhe agradar significa fazer uma massagem com uma loção no bebê após dar um banho nele.

A 4ª atividade "Ajude o papai a criar laços": ajude o papai a criar laços com o bebê

Não conte isso ao meu marido, mas fiquei um pouco irritada com ele após o nascimento do nosso primeiro bebê porque ele parecia tão indiferente. Ele amava Joey — não tenho dúvida disso —, mas não parecia querer passar horas e horas todo dia olhando para ele com o olhar mais arrebatado, maravilhado por Deus ter criado um bebê tão perfeito e lindo. Cameron segurava o bebê enquanto assistia a um jogo de futebol. Ou — acredite se quiser — o colocava no balanço enquanto cortava a grama do jardim.

Eu contei para minha mãe o quanto isso me irritava, e ela me fez sentar e me explicou os fatos da vida: são as mulheres que ficam grávidas e que dão à luz. E durante tudo isso, nós ficamos todas emocionadas enquanto criamos laços por meio daqueles códigos de chutes que nossos bebês usam para se comunicar conosco de dentro da barriga. E assim, quando eles nascem, nós achamos que já os conhecemos. Mas o pai? Bem, ele precisa tentar recuperar esse tempo. E já que você é uma pessoa tão prestativa, talvez queira ajudá-lo um pouco.

Mas o pai costuma pegar o jeito. Quando Joey completou alguns meses de vida, Cameron já era um expert em criar laços. Ele sabia o que fazia Joey rir (cantar e dançar) e também conseguia acalmá-lo quando ele ficava nervoso (cantar e dançar). Seu marido também conseguirá. E existem algumas coisas que você pode fazer para ajudá-lo:

1. **Mande o pai ler para o bebê**. Pequena dica: seu recém-nascido não se importa nem um pouquinho se os três porquinhos encontram um lugar seguro para viver. Na verdade, ele nem está ouvindo as palavras do seu marido, mas está atento apenas à voz dele. Isso é uma boa notícia (por enquanto) — pois seu marido pode simplesmente pôr *Os três porquinhos* de lado e ler um artigo de sua revista de esportes. E se isso não for motivação suficiente para ele, não sei como ajudá-lo.

2. **Encoraje seu marido a se concentrar em seus talentos**. Não vou mencionar nomes aqui, mas conheço um pai que sabe dançar de pijamas como nenhum outro. Ele balança seu quadril e canta com aquela voz esquisita que faz todos os bebês — e mães — morrerem de rir. Encoraje seu marido a ser "esse cara" com seu bebê e a desenvolver a habilidade de cantar "Jesus me ama" como um porco-da-terra ou de imitar vegetais quando for colocar o bebê na cama. Seu bebê pode não valorizar muito isso agora, mas quando completar um ano, eu lhe garanto que ele implorará para que o senhor Tomate o coloque na cama.

3. **Compartilhe os fatos com o papai**. Muitos homens gostam de fatos concretos e matemáticos — o que explica por que sou conhecida como "Encantadora de homens" em muitos círculos. Bem, na verdade nunca ninguém me chamou assim, mas descobri que a melhor maneira de encorajar seu marido suavemente a fazer algo era compartilhar com ele todos os fatos comprovados pela ciência para demonstrar por que fazer coisas

como ler ou cantar ou trocar fraldas faz bem ao bebê. Quando expliquei que bebês que têm contato físico com seus pais tem 324% a mais de probabilidade de ter boas habilidades sociais (como você pode ver, sou muito boa em cálculos), meu marido se empolgou imediatamente com a ideia de ser um pai coruja e começou a passar tempo diariamente segurando o Joey.

4. **Faça fotos**. Ok, sei que você já está tirando um milhão de fotos de seu bebê todos os dias. Mas hoje tente fazer uma pequena sessão de fotografia com o pai e o bebê. Isso lhe renderá ótimas fotos que pode mandar para sua sogra (o que, por sua vez, lhe renderá muitos pontos na escala de nora) e poderá mostrar ao seu marido o pai legal que ele é.

Oito coisas que você pode precisar para ajudar seu marido a criar laços

1. Uma bolsa de fraldas que ele possa usar sem passar vexame. E sim, isso significa que aquela bolsa com estampa de tartarugas e sapos, que você achou fofa demais para não comprar, precisa ficar no armário. Mas você já sabia disso.
2. Uma escova de dentes.
3. Lingerie.
4. Uma boa atitude. (Repita comigo: "Puxa, bom trabalho querido!")
5. Uma câmera para captar todos os momentos superdoces que vocês vivem como família.
6. Velas. E músicas da Nora Jones em seu iPad.

7. Um estoque de um mês de comida masculina (biscoitos de chocolate, chips de tortilla e hambúrgueres devem dar conta do recado), para que você possa preparar um jantar gostoso para seu marido enquanto ele cria laços com seu bebê.

8. Um iPad. (Bem, na verdade, você não precisa de um iPad para ajudar seu marido a criar laços, mas certamente a ajudará a se divertir durante sua folga, o que, por sua vez, significa que... — bem, você já entendeu.)

Epílogo

Uma dissertação piegas da mãe de uma criança pequena

Na noite passada, meu filho Will apagou a vela do bolo do seu primeiro aniversário. Ok, ele tentou pegar a chama, e eu rapidamente apaguei o fogo antes de ele se queimar, mas você entendeu. Meu bebê completou um ano de vida. E tenho uma pilha inteira de roupas sujas de cobertura de chocolate para provar.

Como você já sabe, Will é meu terceiro filho. No caso de Joey, fiz de tudo para sua primeira festa de aniversário, contratei um chef confeiteiro para que fizesse um bolo na forma de uma retroescavadeira e organizei uma festa imensa no nosso jardim para que todos vissem como ele esfregava a cobertura do bolo em seu rosto. Will teve uma festa pequena. Ou, talvez, eu deveria chamar aquilo de reunião. Ou de um jantar em família com bolo e uma vela de aniversário velha (provavelmente a mesma que usamos no aniversário de Joey) para que pudéssemos cantar.

Não que eu ame Will menos — ele é fantástico —, mas simplesmente porque mudei tanto nesses seis anos desde que me tornei mãe. E a velha Erin — aquela que possuía a capacidade mental de planejar uma festa — desapareceu juntamente com minha sapatilha de balé cor de rosa (essa virou um "sapato de princesa") e meus jeans apertadinhos (por fim, tive que enterrar esse sonho). Pois a maternidade me transformou. Profundamente.

Há dias em que não tenho certeza se gosto dessa "nova Erin". Há dias em que sinto saudades de como as coisas eram no passado — quando minha casa estava sempre arrumada, quando preparava um jantar saudável para meu marido toda noite, quando tinha tempo para pintar minhas unhas, para ler livros teológicos e para sair e tomar um café com minhas amigas. Mas então olho para a parede e vejo a foto dos meus filhos pendurada na parede da minha sala abarrotada, e a realidade me traz de volta para o presente. Sim, as coisas eram mais simples antes de me tornar mãe. Mas não eram melhores. E certamente não eram mais felizes.

Pois — e peço que me perdoe por ficar toda emocionada — não tenho dúvida de que quando Deus me criou ele me criou com um propósito. E um desses propósitos é criar meus preciosos e maravilhosos bebês para que eles aprendam a amar e servi-lo. Deus me deu a oportunidade de mostrar aos meus filhos — a meu forte, enérgico e passional Joey, a meu hilário, curioso e extrovertido Will — como Deus os criou para que fossem líderes e guerreiros corajosos para ele. E Deus me abençoou com uma filha — minha esperta, carinhosa e criativa Kate — e me deu a missão de lhe ensinar tudo sobre o chamado de Deus para a sua vida. Sim, não é nenhum milagre que a maternidade me transformou.

É irônico que, justamente no momento em que termino este livro, meu filho caçula também completa seu primeiro ano de vida. A não ser que Deus tenha outra surpresa para mim, não terei outros filhos. Chega de passar noites em claro na cadeira de balanço e de tentar encontrar um lugar tranquilo (e privado) para amamentar em público. Chega de cangurus e reclinadores e academias para bebês. Chega de hematomas nas pernas adquiridas tentando levar o cesto moisés para dentro de casa. Chega. E, apesar de ser excitante antecipar o que ainda está por vir — observar como emergem as personalidades dos meus filhos, como se fortalece a sua fé, como seu amor cresce —, é também um pouco melancólico. Pois — e agora estou prestes a derramar algumas lágrimas — Deus nos dá tão pouco tempo com essas pequenas almas preciosas. E é incrível o quão rápido um ano passa — especialmente quando a última hora antes do pai voltar para casa parece durar uma eternidade.

Então, enquanto tento tirar a cobertura de bolo das roupas de Will, sou grata. Grata pelo fato de ter uma camiseta para lavar. Grata pela exuberância e energia e alegria de Will. Grata por ter essas memórias felizes (mas também nostálgicas) para guardar, ao mesmo tempo que tento descobrir como tudo funciona. Pois Deus me abençoou com essas crianças preciosas. E não sei se ele poderia ter me dado um presente melhor do que este.

Este livro foi impresso em 2015, pela Edigráfica, para
a Thomas Nelson Brasil. A fonte usada no miolo
é IowanOldSt BT corpo 10,5. O papel do miolo é
Chambril Avena 80g/m², e o da capa é cartão 250g/m².